中国宪法文化丛书

丛书主编　陈晓枫

国家司法文明协同创新中心成果

中国传统合法性话语的文化研究

张烁　著

WUHAN UNIVERSITY PRESS
武汉大学出版社

图书在版编目(CIP)数据

中国传统合法性话语的文化研究/张烁著.—武汉：武汉大学出版社，2014.12
中国宪法文化丛书
ISBN 978-7-307-14889-5

Ⅰ.中…　Ⅱ.张…　Ⅲ.法制史—研究—中国—古代　Ⅳ.D929.2

中国版本图书馆 CIP 数据核字(2014)第 270265 号

责任编辑:田红恩　　责任校对:汪欣怡　　版式设计:韩闻锦

出版发行：**武汉大学出版社**　(430072　武昌　珞珈山)
(电子邮件：cbs22@whu.edu.cn　网址：www.wdp.com.cn)
印刷:武汉中远印务有限公司
开本：720×1000　1/16　印张:12.75　字数:182 千字　插页:1
版次：2014 年 12 月第 1 版　2014 年 12 月第 1 次印刷
ISBN 978-7-307-14889-5　定价:26.00 元

内 容 提 要

政权合法性问题是任何一种复杂形态的人类社会都必然面临的共同问题。本书运用马克思主义原理和文化学的研究方法，对中国传统合法性话语问题进行文化解析，讨论它对于中国权力文化以及近代的宪法文化的影响。在传统中国的历史语境中，存在着用以论证政权合法性的核心话语体系。公共权力的起源背景以及初民们最早的天地信仰观念，是传统中国理解政治、构建政治合法性话语的语境。我们在一个与“命”、“德”有关的词汇意义系统之中，论证、理解和思索着历史中的政权现象。这一套话语虽然也随着历史语境的变化而发生流变，但是其内核是稳定的，即圣王正义论。“德、命”话语有着其特定的语言结构、基本叙述模式，形成了中国人理解政权合法性的文化信条，从而形塑了受此合法性观念支配的权力文化。近代中国语境下，传统的合法性论证话语对于制度现象的解释力基本丧失。为了回应当时的权力危机问题，传统的合法性话语与西方传入的宪法话语进行了深刻的融构。虽然借助新的制度观念和制度层面，增大了合法性话语的解释力，但是这种融构的过程本身仍是在传统话语框架体系内进行的，旧有的价值判断以文化作用的方式，沉淀于新的话语之中。近代宪法文化由此形成。

序　　言

宪法与文化的交集

相对于诸多历史悠久的法律而言，宪法并不是自古就有的。

宪法产生于一种文化，即“古希腊——罗马——欧美文化圈”的文化。宪法在这种文化中历经历史沉淀，聚合创新，超越原有的文明成果而产生。古代希腊的学者在考察过一百多个城邦政制之后，得出的结论认为，在一系列的国家法律制度之中，存在着一种最为基础的政治法律原则，并且在这个原则之上，还存在着普遍的、永恒的“自然法则”。这是“基本法”的理念最为初始的内涵，也是这个概念最为基础的文化底蕴。之后在征战频仍的欧洲中世纪，各城邦国家大多承用了基本法的设计；同时在教会法的遮掩下，自然法的部分理念披着神学外衣也留存沿袭下来。当古代简单的商品经济发展为繁荣的经济贸易和规模化的手工业工场时，不同的经济主体为了确保自己的经济利益，开始在政治上要求参与政权，实现法治。代表这个利益群体的思想家们，格劳秀斯、洛克、孟德斯鸠和卢梭，毫不犹豫地举起基本法理念的旗帜，并将之充分演绎、丰富论证，定准为国家根本法。在基本法这个理念之上，从法效力而论，他们论证存在着一种自然状态，基本法是从中析分出来的社会契约；在基本法自身的构架之中，他们为防止权贵篡改基本法而侵占市民阶层的利益，在其中添加进了人民主权的原则、分权制衡的原则、法治原则和人权原则；在基本法的下位，为了阻止部门法律对基本法僭越而毁损利益安排的秩序，他们添加了基本法效力最高，基本法设置保障，设立合法性审查制度和秩序正义原则。呼应着这些主张和创制的价值理念：民主、自由、平等、人权和传播这些观念的法理学说，风靡了整个欧洲和北美大陆。基本法羽翼丰满，一飞冲天。它聚合了传统的文化理念，超越古代文明成果，生成为宪法，在英、法、美等主要资本主义国家横空出世。

宪法作为海商文明圈文化因子沉淀聚合的成果，自从其创生之始，就包含着与生俱来的文化预设。宪法具有基本法的功能，首先是来自于法律的效力可分为不同层级的理念，即有些法律的效力从属于另外一部法律，当两者的效力在认知上发生冲突时，相冲突的这部分法律因为被识别出来而归于无效。其次，宪法作为根本法，又一方面具有母法的意义，从它的授权中析分和产生出各部门法律；另一方面宪法作为根本法高居于强制性行为规范体系的顶端，监督着各部门法的构建与运行，一旦识别出异己的制度或事件，根本法就启用自身设定的矫正系统，宣告撤销违宪的制度，或者宣告行为违法无效。同时，这个矫正系统不归属于任何一个政党、一个政权或一个领袖，它独立于政权体系之外。宪法虽然独居于众法之上，但却要折服在理性—自然法则之下。在理性原则面前，宪法自身必须是良法，其最根本的特征是，在设置一个权力时，必定设有另一个对它享有审查撤销权的权力；而且它的自身，以保障人权为最终价值归依。最后，除了法律分有层级以外，民主也富有层级。人民的意愿可以在一个层级或几个层级上，经过某一个程序而由被选举出来的少数人来代表，而决定这种实质性权力的关键，是选举程序的正当与真实。

不难寻查出，关于法律具有效力层级的理念，是出自希腊城邦政制与自然法则关系；关于权力的制衡监督，是来自古希腊的氏族、胞族到合并列部族的规则以及古罗马的库里亚制度；关于基本法律应该并具母法、根本法效力的设定，则来自欧洲中世纪城邦国家制度的构建；至于通过了选举这道魔咒之后，被选举人的主张就完全可以视同为选举人群体的一体主张，则起自梭伦创设四百人大会以降，延及于整个欧洲古代、中世纪和近现代史中的政治法律规则。简而言之，这都具有悠久的历史传承和广泛的文化认同。具有这一类想法的民族一定是在古希腊之前更早的历史阶段，就寻找过通过一种妥协，来合并氏族、胞部以至最后走向部族的路径。因为这一类想法的关键之处，就是缺位了一个最终的统一者，大家都在平等的契约主体地位上，来分摊权力。如果把这一类想法归结为文化的话，那么这类文化基因的起点，至少应在一万年之前。

这便是中国人移植宪法研习宪学的难处。

中国的法学人一般疏于理解文化学的原理。他们习惯于将文化理解为文明成果的积累，并在此意义上将之划分为观念文化、行为文化和制度文化；他们不认同文化是整合观念、行为与制度的；不认同文化是价值理念中具有指令作用的观念体系；不认同文化是支配了制度构建、理论特征和实施机制的关键因素。因此，他们把来自一种特定文化的宪法中的基本特征，归结为宪法历史的范畴，是宪法发展中的历史现象；而不去理解无论表层的制度和学说怎么变幻，在深层之中文化基因能以一贯之的支配着宪法。中国法学人中出现的这种现象，表现出他的研究自身就是宪法学说中的一种文化现象，是中国学人在宪法上拒绝与西方文化重构的表现，进而将宪法基因和特征的问题，指称为是历史范畴问题：时间上它已经被超越了。

中国人习宪法治宪学的艰难困苦之处，或就在于忽视了宪法本身是一个文化现象，一个原不属于中华文明圈的文化现象。

中国人以宗法拟制扩族为国。夏有钧台作享，商有景亳之命，周初封邦建国。这种建国方式中，虽然也有诸侯、方伯参与其间的盟、誓、会、享仪式，这些仪式也可以认为是建国的契约，然而显著不同于古希腊罗马的地方，就是这种仪式或契约的目的，在于确定共尊天下的君主，而不是确定权力析分与制约关系。自此往下，秦汉又包吞八荒之后，中国人的法思维中，没有基本法、母法、根本法的概念，一切事物，权制一断于君。法律的形式，律令格式比而已。设想法有位阶的效力层级，再引申基本法的保障，并对无效法令审查和宣告，设置法定权力，则必设定监督制衡等种种宪法体系构成的要素，因天子君权独大，得便宜行事，都成为构建缺位，且无构建必要的事项了。

中国人自1840年后放眼看世界，开始仿习西方列强。从制夷器，师夷制，习西学，仿西政，最后走向移植宪法。但自仿行宪政开始，中国其实并没有发达的市场经济；没有经济利益的独立主体去寻求制度性安排的诉求；没有社会中各阶层，需按宪法配置的动议。中国人立宪的精力，集中于中国官制改革，央地权力关系，以及救亡图存目的，之后终于指向驱逐鞑虏，振兴中华的建国方略。宪法是自上而下的诏令朱批，是军阀逐鹿之后的册封大典，是党治训政的权力宣言。凡此种种又都是中国法律传统与西宪西学在文化上的悖反。很长时间以来，中国人中的领袖、官员、学人、庶民，都没有意识到移植宪法的根本，是中断中国的法文化传承，并结合宪制自主重构中国的法文化，特别是宪法文化。

但是当文化的表层制度变迁，与深层的理念发生尖锐冲突时，重构是一个必然的规律，并不以人们是否秉持自主意志为转移。中国人用“中体西用”的结构主义智慧，将宪法文化的主要内容，改造成为我所用的体系。其中制度体系逐渐演化成大法虚置的传统典册，权力体系逐渐收集为一元权力至上的传统取向，保障体系逐渐剥离出部门法自行其是；知识体系则逐渐填充进改造过的新儒学学说。宪法文本渐次浪漫化，甚至有 1923 年宪法那样的完美文本；宪法实施则渐次虚置化，中国长期不设置违宪审查的机构。

当这些宪法文化问题被列入研究课题之时，笔者正在宪法学家何华辉先生门下，攻读宪法学的博士学位。学位论文慨然命笔撰为：中国宪法文化研究。十五载春秋，过隙如驹。彼时至今，武汉大学法学院宪法行政法学团队指导的博士论文中，攻研宪法文化方向者，积有三十余篇，内容广泛涉及从社会到思潮，从思潮到制宪，从文本到实施，从权利到权力。论文虽然写作时间不一，但立场基本是一致的：探研中国宪法在文化上的建构。学生离校，各执其业，很多论文在汇集本编丛书时，都已经出版面世了。现有的几部著作，虽不能集全十五年来本校在此专业方向上的论文建设成果，但也分别关涉中国宪法的知识体系问题，主权的大权化来源，中央国家机关的重构，权力的变迁机制，以及部分具体制度上的中国宪法文化重构。寥寥数本，可窥豹斑，大致表达出这个丛书作者们致志达到的认知水平。

期盼这些成果能裨益于中国宪法文化的研究，能够共襄中国宪法研究大业。

陈晓枫

2013 年 6 月 10 日

目　录

导　　论

第一节　问题的提出

一、源起于宪法序言的功能分析

政权的合法性问题，在任何一个法律体系中，都是规范效力的始源点。对于立宪主义国家而言，关于政权合法性的解释话语，一般是从一国宪法序言展开论说的。非规范意义的宪法序言，往往会宣示出宪法规范中所包含的立法目的、宪法尊严和政治意义。

宪法序言是指附于宪法正文之前的叙述性文字。作为成文宪法典的一个重要组成部分，通常是以概括性、原则性的语言，去表达一国的制宪历史、价值宗旨、目的等内容。① 诚如学者所云，“宪法之序言，乃指宪法全部条文之前，而为简单之叙述，使对于宪法之构成，有初步的大体的认识。惟序言仅系原则性之昭示，而非详细性之规定”。② 故而序言与正文之关系，也即序言的功能效力问题，实乃宪法理论研究中的一个重要问题。

对此问题的回答，我国宪法学界可谓聚讼纷纭。主要观点有两类

---

① 故而研究中则有诸如目的性序言、原则性序言、史论性序言、纲领性序言、综合性序言的分类。

当然，一国宪法序言内不必全部囊括上述所有内容，其字数的多少、内容与该国的地域特色和历史文化有着密切的联系。参见杨临宏、刘亚梅：《宪法序言比较研究》，载《广东行政学院学报》2003 年第 5 期。

② 管欧：《宪法新论》，台湾五南图书公司 1997 年版，第 89 页。

四说：无效力说、有效力说、部分效力说和模糊效力说。① 主张无效力者盖从严格规范意义的角度，认为宪法序言中的文本过于抽象，不具备法律规范的特征；而主张序言有效力（部分效力、模糊效力）的学者，或从宪法的根本法地位来说明最高性法效，或从序言条款是带有原则性、纲领性的特殊规范，须与正文条款相结合方能体现其法律效力。然而，随着宪法话语在全球范围内的传播，宪法正文之前附有序言已成为了当今成文宪法发展的一大趋势。② 现实的表征似乎促进了有效力说成为通说。

单纯用规范主义③视角研究宪法序言和正文的关系，则必然产生上述的学术争论。倘若换以功能主义的角度，宪法序言则是以一种特殊的叙事，确认一国政权的正当性以及国家的目标，是宪法条文发生效力的政治与法律前提，是“宪法的宪法”④。

西方规范主义法学名家凯尔森在解释他的规范层次问题时，也注意到了这个问题。“被称之为宪法的那一文件的一个传统部分是一个庄严的导言，一个所谓的‘序言’，它表达了该宪法意图促进的政治的、道德的和宗教的各种观念。这一序言通常并不规定对人的行为的任何固定规范，因而也就缺乏法律上有关的内容。它具有一种与其说法学上的性质倒不如说是意识形态的性质。如果将它去掉的话，宪法的真正意义通常也不会起丝毫变化。序言用来给宪法一种更大的尊严并因而也就给予一种加强了的实效。典型的序言就是对上帝的祈祷以及关于正义、自由、平等和公共福利应被保护的宣告。依照该宪法还

---

① 参见何华辉：《比较宪法学》，武汉大学出版社 1988 年版；李步云：《宪法比较研究》，法律出版社 1998 年版。

② 荷兰学者马尔赛文在其书《成文宪法的比较研究》（华夏出版社 1987 年版）中查证，没有序言的宪法仅有朝鲜 1972 年宪法（该国 1992 年宪法已增加序言）、伊朗 1979 年宪法、刚果 1969 年宪法等。

③ 公法研究中的规范主义和功能主义，详见（英）马丁·洛克林：《公法与政治理论》，郑戈译，商务印书馆 2002 年版。

④ 殷啸虎、李莉：《宪法序言的功能与效力研究》，载《上海交通大学学报》（哲学社会科学版）2004 年第 6 期。

是具有比较民主或比较专制的性质，它就在序言中作为人民的意志而出现，或者作为蒙上帝之恩而就任的一个统治者的意志而出现。”① 由此可以看出，凯尔森跳出了既有的规范分析理论框架，以一种功能价值主义的立场来解读宪法序言的效力，认为其政治性质要多于法学性质，强调序言对于强化宪法权威、表达政治目的的重要功能。其功能主要是以上帝或人民意志的名义宣告宪法规范内容的正当性。

从效力的终极意义上讲，法律规范必须与某种正当性观念结合，共同完成对于一国秩序现象的意义解释。宪法作为政治的根本法，“把国家的理想目标写入条文从而提供一种象征功能，它们规定了政府的结构形式，并试图为政府统治的权利进行辩护”。② 这种正当性话语集中突出表现在宪法序言当中。国家通过获得正当性观念的解释，从而获得配置和行使国家权力的正当理由；而民众也只有在序言所传递的合法性理由产生对国家行为的理解，从而自觉地服从国家统治。

当然，对于秩序意义的理解系统不是简单地靠一部有序言的宪法就能维持的，很多因素也同样的构筑着一国政权的正当性③。不过，在一个公布并实施宪法的国家，宪法序言是集中表现这种正当性话语的文本。一国政治活动的基本制度和规则以及民众行为所依据的准则体系，都与这种正当性话语存在着密切关联。

同时，由于在不同的文化背景之下，正当性观念存在着不同，所以，不同国家宪法序言中所采取的叙事表达方式，也有着较大的区

① （奥）凯尔森：《法与国家的一般理论》，沈宗灵译，中国大百科全书出版社 1996 年版，第 289 页。

② （美）迈克尔·罗斯金等：《政治科学》，林震等译，华夏出版社 2001 年版，第 53 ~ 54 页。

③ 大到媒体报道、经济指标、制度体系，小到建筑式样、民间器具与神话故事等。所以在福柯眼里，社会里充斥着以规训与惩罚为目的的泛化权力现象。

别。譬如美国国家宪法的序言①和我国宪法序言，在字数、叙述结构等方面都有明显的不同，其所宣示出来的在国家目标和政权正当性问题上的内涵，因而也存在差别。有些敏锐的学者观察到这一现象并试图解释其背后的文化成因。② 美国宪法是以“正义、福利与自由的名义”为其所设定的权力提供实质合法性的依据，权力形式合法性依据来自于美国文化中的社会契约观念，所表达出来的合法性的诉求是“面向未来的”；而中国宪法序言的论证逻辑是“通过历史寻求合法性”。立法者通过在序言中对20世纪中国历史事件的精心选择与排列，把历史事件演化为不为人的意识所转移的客观历史规律，并以这种客观性规律解释了政权的产生。这种高明的论证方式为宪法产生的政权及其附属权力，夯上了坚实的正当性基础。③ 两种不同的合法性论证思路势必影响宪法的价值精神与制度安排。

这种关于宪法序言的比较研究，向我们表达了这样的事实——即便是同样拥有文本性宪法的国家，由于文化传统的制约，对于秩序现象的认识和理解仍然会存在着差异。譬如说新中国政权正当性是通过宪法序言所表达的一种历史正当性，即新中国政权的成长历史恰恰说明这个政权是正当的。而宪法正文中的制度规范本身是不构成用以说明正当性问题的资源。这与西方宪法中用形式理性的制度来证明正当性的思路是完全不同的。

合法性话语作为构筑政治现象的意义系统的核心话语，也由于其

① 为方便研究，将美国宪法序言照录如下：“美国人民，为建设更完美之合众国，以树立正义、奠定国内治安、筹设公共国防、增进全民之福利，并谋今后使我国人民及后世永享自由生活起见，特制定美利坚合众国宪法。”参见（美）汉密尔顿等：《联邦党人文集》，程逢如等译，商务印书馆1997年版，第452页。

② 喻中：《法律文化视野中的权力》，山东人民出版社2004年版。又如殷啸虎、李莉：《宪法序言的功能与效力研究》论文中也谈及这种比较，载《上海交通大学学报》（哲学社会科学版）2004年第6期。

③ 参见喻中：《法律文化视野中的权力》，第五章“权力合法性的论证方式：中美宪法序言比较”，山东人民出版社2004年版。

文化限制性而制约着一国对于西方宪法体系的接受。如我国宪法也规定了“一切权力属于人民”，看似同于西方主权在民的观念。但实质上在文化的作用支配下，中国人形成的是这样的合法性思路，即新中国的成立（政治秩序）解放了人民，赋予了人民国家主人的地位。故而人民在政权的支持下成为了国家的主人，取得了管理国家事务的权利。其中巧妙暗含着“国家是人民权利的来源”这种凝聚传统政治文化思维的权源观念。如稍加分析，我们会发现，这与西方宪法文化中所强调的“公权力来自于民众自然权利的适当让渡”的权源观念是大相径庭的。

由宪法序言所引发的合法性话语问题，正是本书问题意识的起点。中西方国家这两种不同的合法性论述模式是如何产生的？是否与一国的政治文化传统存在着关联？不同的合法性话语模式是否会影响该国的权力配置制度与权力运作规则？合法性话语模式会不会发生转变，如何转变等，诸如此类问题皆可以围绕着合法性话语的文化分析展开深入研讨。作者相信，这些问题表现于历史当中带着令人深思的严肃性。合法性问题与一国的政治观念、权力体制以及权力实践的历史有着密切联系。它是沟通一国政治权力现象的过去、现在和未来的一个至关重要的词汇。

二、政权合法性问题的文化追问

对宪法序言的考察，引出了文章的核心范畴：统治合法性或者称之为政权合法性。那么，何谓“合法性”呢？让-马克·夸克认为：“政治合法性是对统治者与被统治者关系的评价。它是政治权力及其遵从者证明自身合法性的过程。它是对统治权力的认可。而这种认可是建立在一系列条件基础之上的。而这些条件主要与认同、价值观和法律有关。”① 它大体包括合价值性与合社会规范性两个维度②。被

① （法）让-马克·夸克：《合法性与政治》，佟心平、王远飞译，中央翻译出版社 2002 年版，第 1 页。

② 参见张连国：《政治合法性探析》，载《理论与现代化》2004 年第 4 期。

统治者认可统治权力，主要表现在：一是要确信既存政权及其权力体系符合并能维持、促进他们所认同的价值观念；二是在价值认同的基础上认可现政权所制定出来的法律规范，并服从法律对于他们的统治①。合法性就是在事实②和价值层面上所表现出来的现实政权对于维持统治认可，获得自觉服从的属性与过程。

作为一种历史上稳定的政治秩序类型，中国传统政治文化中也产生了相近似的关于合法性问题的追问和解释话语系统。古典文献中的“正统”一词，在一定程度上可以对应西方人所讨论的合法性。然而，传统学者多是讨论、批评和整合史学正统论③，并没有将之集中归纳成为政治权力的合法性思索，从而产生出学术上的自觉，形成相应的学术命题。就其本质而言，中国历史上的正统观念基本上包含着“民族正统、政治正统、文化正统三种内涵”④，即内华夏、外夷狄的民族正统观，以王权为核心、“历数”、“正朔”等为反映的政治正统观，以及以儒家文化为体的文化正统观。因此，这三者，都能体现中国人对理想政治秩序的认识，正统论实际上是中国文明语境所形成的对政权合法性的理解和回答。

另外，还必须注意合法化（legitimate）这一重要范畴。没有合法

① 所以法律既有价值合法性，又有被认可的程序合理性。“合乎法律程序性”本身就蕴涵着“合乎普遍价值规范性”（让-马克·夸克语）。这种双重维度使得西方实证分析主义者往往站在价值中立的角度，强调事实上的合乎法律程序性，认为只要在现实的法律框架内所进行的政治行为具有合法性。甚至有论者认为：在西方，由于充分表现形式理性的宪法的产生，政治合法性问题已消亡。“二战”和西方民主化浪潮之后，遭到哈贝马斯等人的强烈批评，认为要恢复政治合法性的事实与规范两个维度的必要张力。其中施密特以“政治的浪漫派”的惊人之论抨击了自由宪政主义者。

② 有西方学者看到政绩对于合法性的维持，故有“绩效合法性”的说法。

③ 即对历史叙事中的正统国家排序问题。参见梁启超的《正统论》（中华书局 1989 年版）、饶宗颐的《中国史学上之正统论》（上海远东出版社 1996 年版）。它与中国文化中特有的时空观念有关。

④ 董恩林：《试论历史正统观的起源与内涵》，载《史学理论研究》2005 年第 2 期。

化就没有合法性。它制造和评价统治行为的“意义”，具有辩护与批判的双重功能，包含着解释、宣传、理解、评价等诸多方面，是一种政治现象的两个主体（统治者与被统治者）对于统治行为的复杂互动过程。合法化实质上是合法性的动态表达，是一个描述合法性事实与价值两个维度发生联系的重要范畴。

第一次从科学层面提出合法性问题（legitimacy）的是德国学者马克斯·韦伯。他利用自身扎实的社会学研究功底，提出统治权威合法性的三种典型（ideal type），即法理型、传统型和卡里斯玛型。后来的李普塞特、哈贝马斯等人，对合法性问题都有重要论述。这些学者除了按照旧有的研究路径对政权合法性进行价值规范上的应然分析之外，更多的是承袭韦伯经验主义的研究方式，深化探讨国家政权合法化的具体过程，关注意识形态与国家权力的互动关系，以及在这种关系中产生的合法性效能。这种研究必然会加深人们对政权权力具体运作情况的认识，丰富对政治统治内涵的理解，对推动政治稳定和政治发展问题具有十分重要的理论意义。

当然，“彻底的合法性讨论是一项在主题和方法上都很复杂的任务”。① 根据西方学者的研究结论，政治合法性的核心在于民众对政权的认同和支持。它事实上主要与治权有关。国家统治者通过“一种政治统治或政治权力能够让被统治者认为是正当的、合乎道义的，从而自愿服从或认可的能力与属性”②，获得被统治者对治权的认可，形成不单纯依靠暴力而维持的持久稳定的政治生活。故贝尔认为：“任何政治制度的关键问题都是制度的合法性问题。”③

（1）合法性问题源自于现实的政治统治需要，是每一个政权都必须重视和解决的问题。

---

① （德）奥特弗里德·赫费：《政治的正义性——法和国家的批判哲学之基础》，庞学铨等译，上海译文出版社 1998 年版，第 187 页。

② 参见（美）杰克·普拉诺等：《政治学分析词典》“合法性”条，胡杰译，中国社会科学出版社 1986 年版。

③ （美）丹尼尔·贝尔：《资本主义文化矛盾》，赵一凡等译，三联书店 1989 年版，第 232 页。

具有合法性的政治行为，可以把民众服从的基础由他律向自律转化，从而获得民众的自觉服从。这样既能有效地实现政治目的，又降低了统治成本。所以，合法性是任何一个政治体系得以稳定和发展的必不可少的基础与前提。历史上的各个国家统治者其实都或多或少的注意到了这种政权存续与人们的认可之间的关系。同时，用以证明政治权力和服从二者关系的合法性，也以其内在的价值含义形塑着政治行为及其有关的制度体系。政府在配置和操作国家权力有时必须得努力地证明自身与民众心中的合法性价值观念的吻合。这种吻合程度很大程度上解释了国家政权的合理性，它决定着制度体系中的国家权力的实现程度。

另外，合法性与政治稳定、经济发展等绩效性范畴也有密切关系。现实政权的稳定与发展是一个政权需要合法性论证的直接原因和主要目的。所以，被“证实”的现政权对于民众生活的有效性和政绩，在一定程度上确实能够增加民众对政权的认可与支持。关于这一点，西方学者如李普塞特、亨廷顿等人都曾论及，并详细分析了政绩作为一种合法性资源的作用。但是必须注意的是，有效性并不能完全取代合法性概念，否则将会丧失对虚假的政绩宣传的必要反省。

（2）合法性问题的关键在于人类自身对于秩序生活的意义赋予。它产生于人类对秩序现象之意义的理解与追问。

人是“一种悬挂在由他自己织成的意义之网中”① 的独特动物，这种意义编织能力是人独有的。从深层次角度说，意义是人类对于死亡的一种关怀。德国诗人荷尔德林曾说过，存在需要表达意义。只有在言说和解释中，我们才能正视我们的存在，才能从容地面对不可避免的死亡。而面对秩序现象，人类也有自己的意义编织。

人类不是单纯的凭本能要求而形成秩序。与动物不同，他必须且能够理解和解释自身的秩序现象，并且可以通过这种意义诠释过程推动社会组织向着更高级阶段发展。政治秩序的统治现象——国家便是

① （美）克利福德·格尔茨：《文化的解释》，韩莉译，译林出版社 1999 年版，第 4 页。

这种文化后的高级实体。这种以暴力为特征的权力现象作为某种意义上的人造物，同样也需要意义赋予。譬如，把统治权归诸于上天神的意思表示，或用古老的习惯来解释服从行为的必然性，或把权力的合法行使建立于一套由被统治者的自然权利让渡从而形成的公法体系之上。这些都是针对国家秩序现象的意义解释，是政权合法性问题的不同表现。“事实上所有的政府，甚至最野蛮、最专制的政府，都试图让公民相信，他们应该服从政治法规，而且当权者可以合法地运用强制手段来实施这些法规。”① 这种意义赋予实质上是各个文化圈内的人群理解和接受政治行为的正当理由，是任何一种人类社会的复杂形态都必须面临的共同问题。

人类面对政治秩序时，会提出诸如“为什么要有政治秩序和权力控制”、“服从统治有什么意义”等此类的有关政权产生和权力性质的问题。这种意义赋予即为合法性论证问题，对于政权统治者而言，实际是西方人所说的合法化过程；而对于政权的被统治者而言，则是一个尊重和服从权威的个人认可过程。如果政治关系的两个主体关于权力现象能够达成一定程度上的意义共识，那么这个政权就具有合法性。另外，人类也会追问现实政权所建立起来的意义系统。当追问的否定性结果积累到一定的程度，就可能爆发对现政权的革命。如果产生对原有合法性意义系统的新的解释，还可能会发生社会类型的变化。

（3）涉及社会价值观念与社会认同的合法性问题，本质上是一个重要的文化问题。

严格意义上的文化学上的文化概念，大体指的是决定人的行为选择的观念系统。② 它蕴含在所有的由人类创造出来的物质文明与精

① （美）加布里埃尔·A. 阿尔蒙德、小 G. 宾厄·姆鲍威尔著：《比较政治学：体系、过程和政策》，曹沛霖等译，上海译文出版社 1987 年版，第 35 ~ 36 页。

② 关于文化概念的讨论，参见陈晓枫：《中国法律文化研究》，河南人民出版社 1993 年版绪论部分；陈晓枫：《法律文化的概念：成果观与规则观辨》，载《江苏行政学院学报》2006 年第 1 期。

神文明之中，体现的是专属于人类的最重要的人为把价值加在事物之上的能力。这种价值性的观念综合体，是人类获得认识和选择行为的必需要素。如对于一个苹果，人之所以会食用它，关键在于苹果经过人的文化处理，已经和“可食用”、“有营养”、“满足生存需要”等意义发生固定联系。这样的人类行为就不同于动物本能性的采集果实的行为。随着文明的演进、意识思维的复杂化，人类更主要的是在意义系统中理解、选择和行动的，成为生活在意义之网里的独特动物。

意义主要是利用语言范畴的稳定连接被固定的，并通过各种符号形式①表现出来，表达的是人群的特定的价值体系和思维模式。在所形成的意义系统中，人们获得了行为的正当理由和禁忌，并逐渐地形成较为稳定的行为规则。譬如，以中国古代的“王玺”为例，当一枚印章与“王”发生联系、构成一个语言范畴的时候，其中的“王之专有物”的意义就被建立。这种意义通过王印的材质、使用场合、使用方式及相关制度等符号传递给人们，使之获得有关的意义理解和行为指令，如占有和使用的身份要求、保管的职责与禁忌、王玺对法律文件的效力支持等。

另外，文化研究者也注意到文化的历史传习性，认为作为行为指令的观念系统，会在漫长的历史过程中经过选择与沉淀，凝结成稳定不变、有如花岗石般坚硬的文化规则。它是特定文化圈所形成的稳定的意义系统，是其行为规则的始源与核心，与该文化圈的语言符号、致思途径以及核心价值观念有着密切关系。过去以及当下的人类行为往往是被这种深层次的文化规则所决定着的。

本书所要讨论的政权合法性问题，就是指政权行为获得服从，从而形成政治秩序的正当理由，即特定文化圈对所形成的政治生活与秩序的意义赋予。其中统治者选择何种政治行为以及被统治者依据对特定政权的认同程度而发生的个人行为选择与调整，都是通过合法性所

---

① “符号”是意义内化的结果。西方学者喜用此词，含义广泛。包括话语、仪式、制度等。

包含的价值性观念进行过滤的。也就是说，发生于政权统治者和被统治者之间的认同过程，实质上是一种文化现象，是文化发生作用的表达形态。人群只有在合法性所建构的意义系统中，才能理解加于自身的政权现象，而政权行为也是通过意义解释发挥作用的。所以，合法性问题本身就是文化问题之一，属于政治法律文化范畴中的最基本问题。这种理解和评价现实政权现象的观念系统，一方面会影响和制约一国政治法律体制的选择和效能发挥，另一方面，也决定了被统治者对政权秩序的服从认可态度及其个人行为。政权若想获得稳定长期的政治秩序，必须认真对待政权的合法性问题。

东西方在自己的历史中也形成了体现不同价值趋向和思维方式的独特文化，是两个文化圈的人群在特定地理环境下赖以生存发展的“人造环境”，是通过各种符号话语构建起来的意义系统。对于人类社会普遍存在的政治现象，也必然在独特的文化意义系统中进行诠释和理解。本书开头之所以讨论中美宪法序言的差异，就是想或多或少地展现出这样的问题意识。

（4）这种文化性的合法性问题与一国政制的规范体系关系密切，深刻地影响着该国的法律文化传统，特别是公法文化传统。

合法性概念的双重维度本身就说明了政权权力的正当论证与事实层面的规范是分不开的。一方面，政治权力通过具有稳定性的制度规则体系得以确认，是获得合法性的重要途径。另一方面，合法性中包含着对于理想政治秩序的价值范畴也必然影响着一国政治的设计与运行。有关国家权力的组织与运作规则，其本身势必会在该国历史传习下来的政治法律文化中被选择与淘汰。权力观念与权力规则的磨合，是政权合法化的主要过程。稳定下来的关于权力规则的意义系统，即构成了一国的法律文化。

如古代中国以君主获得天命来论证权力的正当性，其中“时”是一个重要范畴，即以君王对天时的绝对把握来说明以君主为枢纽的政治秩序与上天的匹配。这样的合法性是通过“正天时”的话语、仪式、制度等传达并显现其意义的。那么，在如此的意义系统之中，中国人就形成了强调灵活性高于稳定性的独特权力规则和权衡观念。此种例证举不胜举。

近代中国的国家制度变迁的历史中更是能发现诸多合法性问题的文化表征。如反皇权革命理论里的满汉之分、南北议和时以大一统理解当时局势、民国政权时期的内阁制讨论，诸如此类的意义诠释皆是文化价值体系的作用，影响到当时的制度设计。由于权力正当问题对于政权制度安排的关键作用，故传统合法性问题不可避免的影响到当时对西方宪法知识体系的接受，随即发生的制度移植也成为中国文化的重构产物；当学者和政客们用西学的宪法理论来解释政权合法性问题时，也必然会受到这种文化重构的影响。

合法性话语之所以会对公法文化传统产生重大影响，乃是因为公法所研究的权力问题是政治统治的核心现象，而权力合法性正是研究合法性问题的关键所在。当然，这并不是说一国的私法体系不受到该国政治文化的任何影响。事实上，私法与公法的划分本身就是西方合法性话语系统中的一个意义构建。

通过以上的论说分析，特总结本书的问题意识如下：

（1）本书旨在探讨中国语境下的政权合法性解释话语的体系问题。既然秩序现象作为一种满足人类生存需要的普遍存在，那么，在中国历史中，也一定存在着针对秩序本身所构建起来的意义系统。它解释了中国人群秩序的产生原因和状态，回答了个人怎样在社会、国家等秩序现象中生存以及获得发展的问题。其中，对于民众为何要服从政治统治的意义系统成为历代政权说明自身合法性的主要话语。它回答的是诸如“政治是什么”、“政治权力怎样及为什么产生”以及“为什么要服从”等一系列问题，关涉到一国的政治体制设计中的权力产生、分配以及组织规则等思想观念以及支配下的具体制度规则。政治现象，特别是权力现象，便在这套意义系统中获得了论证、理解和评价，国家政权的合法性得以制造，并在合法化过程中完成对政权的稳定控制，从而赢得民众的认可与支持。

（2）这一套合法性话语与我国的历史文化语境是分不开的。那么，文化作用于这一套合法性话语的表现是什么？中国这个民族到底形成了怎样的关于合法性问题的文化规则？这样的文化规则对于我国的制度设计及法律运行有没有影响，有何影响？等等诸如此类的问题意识，都将会在本书中予以分析并给予阐释。

（3）从以上对两个国家宪法序言的分析研究中，我们得到了一个有趣的结论，即当下中国的政权合法性实质上是两种合法性话语发生交融和重构后的结果。一方面，政权合法性在宪法序言的叙述中仍然表现为“历史建逻辑、经验变先验、心理成本体”① 的传统合法性话语模式；而另一方面，这种历史性论证话语又被表达成一种宪法文本的形式，通过宪法法理的内在逻辑构建，有权统治的问题遂得到了宪法式样的合法化。那么，这种被重构的合法性话语是如何产生的呢？它与我国传统法律文化之间的关系怎样？它对于中国接受西方相关宪法观念和政法制度有没有产生影响呢？这一系列问题，迫使本书不得不回到近代中国语境中，去重新考察我国接收和移植西方宪法文化的历史过程，在对近代中国立宪史的重述分析中，以期求得能够回应上述问题的适当答案。

本书在导论中提出的这些问题，其思考核心实为权力合法性话语问题，即论证政权的意义系统这一核心范畴。本书以近代中国为中心时空段，以话语分析、文化解释为主要研究方法，向上试图建构一个关于古代中国合法性话语的文化图式，研究传统帝国政治中用以论证和体现政权合法性的主要范畴与表现符号（包括诸多仪式和制度），并讨论其中所体现出来的制约中国人思考和设计国家权力问题的文化规则；向下则是以文化规则的传习性为思考前提，考察合法性话语在近代立宪历史中被重新构建的基本线索。以文化性作为重述和解释历史的根据，以历史的解读发现观念和规则背后的文化性。当然，本书最为现实以及最根本的研究愿景，其实是希望在一种秉持文化学立场的法制史分析中，理解并反思当下的中国宪

① 参见李泽厚：《历史本体论》，三联书店 2002 年版。

政建设。

第二节　研究思路及方法

一、已有研究成果综述

在中国学术界，政治领域的合法性问题的重要性已经得到了承认。这从期刊媒体上日益多见的合法性概念的使用上就能窥见一斑。自前些年的引进、介绍、评价方面的工作努力①基本完成之后，学者们开始对我国政权合法性的本土化问题进行研究，也产出了一些初步的成果。

这些成果大多是出自于历史学者与政治学者之手，多是以西方学术的概念和框架作为研究方法。如很多学者就是围绕"意识形态"一词来研究合法性问题，虽也能得出一些本土性的结论，如意识形态的确立因素、宣传机制等，但不够深入，结论多为套用西方学者已有结论。这样，一个中国问题的研究却成为了印证西方人结论的证据，叫人叹之思之。而法学学者很少就此问题专论。恐怕一是因为规范主义的思路限制了合法性问题的提出角度；二是因为法理学、法哲学的价值研究在一定程度上也同于合法性研究。

其中不得不提及下列论文与著作，因为它们对于本书研究思路和主要观点的形成有着不可忽视的影响。

---

① 参见张哲：《试论政治权威的合法性》，载《中国青年政治学院学报》1988年第1期；周光辉：《论政治权力的合法性》，载《天津社会科学》1991年第1期；胡伟：《合法性问题研究：政治学研究的新视角》，载《政治学研究》1996年第1期，《在经验与规范之间：合法性理论的二元取向及意义》，载《学术月刊》1999年第12期；陈炳辉：《试析哈贝马斯的重建性的合法性理论——兼与胡伟同志商榷》，载《政治学研究》1998年第2期；林广华：《论政治的合法性问题》，载《探索》2002年第3期；姚大志：《契约论与政治合法性》，复旦大学学报（社会科学版）2003年第4期；此类的文章较多，这里就不一一枚举了。

（1）张星久：《论合法性研究的依据、学术价值及其存在的问题》。此文较系统和全面地分析了合法性研究的现实依据、思想学术渊源、学术价值等基本问题，也对目前合法性研究中的缺失进行了自觉的学术批判，并提出本土化研究的问题意识。其基本的想法是想从社会物质生活条件、利益机制等方面把握合法性的实质，从经济、政治、思想文化三方面全面的考察合法性问题，达到历史研究、规范研究和经验研究的统一。以此文为研究总纲，发表相关联的论文数篇。其中，《中国君主专制政体下的君权与相权冲突问题》、《中国君主专制政体下的皇位嫡长子继承制新论》均为传统合法性与制度之间的互动问题的讨论；《母权与帝制中国的后妃政治》一文则对中国历史中后妃政治的合法性进行个案研究；新文《论帝制中国的君权合法性信仰》中借用拟剧理论、叙事学来研究合法性问题的视角和结论新颖有趣。①

（2）石元康：《天命与正当性：从韦伯的分类看儒家的政道》②。此文借用韦伯的分类方法，对中国的传统政治的正当性形态进行了分析，得出卡里斯玛形态就是儒家政道中的正当性。西式的学术训练使得作者展开的研究十分规范，但用卡里斯玛型能否全面地描述中国正当性问题值得商榷。同时，文章在结尾处对三种合法性类型以及背后支撑的“理性”概念的评价，对本书很有启发。本书虽然以西方法理型合法性作为研究中国政权合法性问题的参照系，但绝不意味着有评论孰优孰劣之意。石元康的“纯粹程序是否在没有任何实质原则的支持下，就能为统治提供理据？”的追问也一直存于作者思考之中。本书试图在比较中，展现出两套关于国家秩序的文化理解系统，而包含于其中的价值问题不是必然的方向，而是被构建的文化要素。

① 分别载《法学评论》2000 年第 3 期；《武汉大学学报》（哲学社会科学版）1998 年第 5 期、2000 年第 3 期、2003 年第 1 期、2005 年第 4 期；《求索》1998 年第 2 期。

② 载《开放时代》1996 年第 6 期。

（3）康晓光：《仁政：权威主义国家的合法性理论》①。文章认为当今中国面临的最重大的任务就是建立合法性理论，因为建立在西方历史唯物主义和政绩的旧有合法性基础已经表现出困境。作者提出必须返回过去，从中国的历史传统中找寻政府权威的合法性论证。经过损益的儒家学说（即现代仁政理论）可以作为现实的权威政府的合法性理论。其实，这种想法并不见新。它与新儒家关于儒家学说与现代的打通的基本设想有着共同的问题诉求。关键是如何损益、能否和如何沟通。

（4）张健：《合法性与中国政治》②。此文重在研究新中国成立60年内我国政权统治合法性的历史发展及其原因和意义，向我们展现了中共政权合法性诉求的演变过程。这篇文章也是引发本书进行文化学研究的重要原因，因为其中所引用的材料和观点皆传达了这样的印象：从某种意义上讲，1949年并不意味着断裂，文化的脐带已经将新中国与传统联系在一起。用以论证政权合法性的主要方式，如意识形态上的先进性宣传、经济增长的政绩论证，都带着文化烙印。

（5）刘泽华：《中国王权主义》和《王权思想论》。③ 这两本著作集中论述了中国传统政治文化：以“王权主义”概括了传统政治文化的特征和基本规律，并从思想、制度等多方面角度论证之。难能可贵的是，老先生在书中再三提醒后辈必须反思和警惕专制主义在现实政治中的影响和复活。结论振聋发聩，给人以启迪。

（6）刘小枫：《儒家革命精神源流考》④。这是一本充满思辨色彩的著作！作者通过梳理体现儒家革命观的话语流变，探究儒家革命的基本精神，并认为这种精神深刻地影响了近现代中国国家建构中的正义理念。此书的很多问题意识和思考为本书所借鉴。

---

① 载 http：//www. china-review. com/execute. asp？path =/content_ files.
② 张健：《合法性与中国政治》，载《战略与管理》2000年第5期。
③ 分别是上海人民出版社2000年版、天津人民出版社2006年版。
④ 刘小枫：《儒家革命精神源流考》，上海三联书店2000年版。

（7）喻中：《法律文化视野中的权力》①。这是法学学者以文化学研究权力问题的一本专著，其中也论及权力正当性问题与文化之间的关系。虽然学术自觉让作者发现了诠释权力现象的一把有效的钥匙，但终因论证较散而使结论流于简单，实为遗憾。不过文中所闪现的思维火花确对本书有着影响。

以上评说皆为管见，本书详叙的目的除了表示感谢之外，更主要是在对相关研究的阅读和评介中，确立自己的行文思路。诚如导言前一部分所言，本书重在讨论中国政权正当性在历史进程中所表现出来的文化性。这种文化性关涉到我们对权力现象的理解，以及相关权力制度体系的设计安排。在近代的时候，突出表现在两种合法性话语的重构问题上。权力问题上的文化性成为理解过去和现在政制的关键。

最后，必须提及与重点感谢的是恩师陈晓枫教授。本书的问题意识、研究框架乃至个中观点与他的智慧是绝然分不开的。这一点有心的读者去翻阅他的著作和论文就可一目了然。

为了使研究线索更加明确，特将本书所运用的主要理论方法简单的阐述一下，以明读者。

（1）在归纳和阐述权力合法性论证的意义系统这个中心问题时，更多的是运用文化解释学的方法，即“以文化解释法律，以法律解释文化”②。这种方法“实际上是将自己置于哲学、人类学、社会学、法律学和历史学诸学科的挑战之前”，对于法律有着这样的认识前提，即法律作为一种文化现象“被认为是人生活于其中的人造世界的一个部分，它不但能够被用来解决问题，同时也可以传达意义。由此，把法律简单的归结为解决纠纷的手段和技术就是不可取的了”。在深入理解法律与其他社会文化现象之间的关联性之后，将会对法律的性质、作用机制和功能等问题求得更具说服力的解释。“对法律的文化诠释必定要超越各种孤立的和机械的法律观，也一定要反

① 喻中：《法律文化视野中的权力》，山东人民出版社2004年版。

② 文化解释学的方法论问题参见梁治平：《法律的文化解释》，三联书店1998年版，第2~5页。

对各种狭隘的种族中心主义法律观。”① 开放的研究视野可以帮助我们理解本书中的法律与现实中的法律现象的差距。于是，在政治合法性问题上，本书的研究将会借用多学科的研究方法和成果。如人类学对仪式的研究、考古学对国家起源的探讨、神话学的研究结论等，都能在一定程度上向我们提供对这个问题的有益思考。

（2）针对政权合法性话语的构造与流变问题，本书主要展现语义分析和语境分析的研究进路，即分析构筑合法性话语的关键词汇和连接方式，以及所形成的意义话语如何在历史背景之下传递和变动的。

语言哲学告诉我们，“事物是通过‘词语’而获得其存在的”。②事物的真正本质不在于事物本身，而在于我们在各种事物之间构造、然后又在它们中间感觉到的那种关系。而描述这些事物的是我们使用的语言。事物通过语言表达出来之后，其中蕴涵的事物之间的关系也就被传递给我们，成为我们的知识和经验，指导着理解、认知和行为等实践活动。也就是说，语言不仅是表达的方式，也是学习的方法。词语中所表达的事物之间的关系是人类思维的最初形式，也是最基本的形式。而知识的传递和学习使人类永远无法摆脱所习得词语中内在蕴涵的思维模式。

语言不仅构造了推理的过程，它还表达了价值判断。“语言评估着这世界而且通过评估使心理结为一体。一个人从语言中得到的不仅是对世界的现象进行有序排列的方式，而是价值的尺度和感觉的范围。”另外，除了影响思维的正式结构之外，语言还影响着思维的主题。只有那些被感知到的关系才能被人们用特定的语言表达出来，并在多次经验的强化后形成定势进入我们的思维领域。

这样，希望通过对政权合法性话语的语义学研究，展现中国人自

① 以上参见梁治平：《法律的文化解释》，三联书店 1998 年版，第 2～5 页。

② （美）特伦斯·霍克斯：《结构主义和符号学》，瞿铁鹏译，上海译文出版社 1987 年版，第 8 页。

古以来所形成的对权力现象的思维主题、价值关系和定势性的思维方式。语言中固定下来的政治现象的意义系统，是理解传统政权合法性及其相关制度体系的关键。

另外，在理解近代语境下的西方宪法话语的传播与相关制度移植的历史现象时，对语言现象的考察也是一把行之有效的分析武器。作为文化系统中最基本的象征符号，语言不仅仅解释着意义，更重要的是还传递着意义。从根本上讲，语言不是一种普通的社会现象，它是那种最具有渗透力和控制力的社会现象，是一种“能够以最精细微妙的方式向人们施加力量并且最不容人们抗拒”① 的社会现象。当我们按照自己熟知的语言来表述思想，则会依照语言中凝聚的历史情绪和体验，来认识现实的事物。这时我们运用语言对法律现象进行思考时，必然遵循历史的传统。近代中国人在使用中国词汇解读西方宪法知识和制度的时候，也必然遵循着语言传递的规律，因而造成对西方文化政治理念和法律制度的接受偏差，无法深刻地理解法理合法性的真正内涵。

具体而言，对于中国古字，必须要注意它的象形结构、音韵互训和词语搭配等语言现象，他们对理解汉字所传达的意义十分关键。随举一例，如用以表示被统治者的“民”，在甲骨文中代表着被剜去双眼的奴隶形象，故与“萌”、“氓”等字同音互训，愚昧无知、缺乏德性等含义在长期使用中被固定下来。思想叙述中的“黎民”和“百姓”分野，“大人”与“小民”对立，皆是文化作用的结果。这样，在政治意义中，就传递了君和民的价值排序，以及民仅是政治治乱的对象等主要观念。汉字在近代的延续使用，也会将其中观念内核和价值倾向带入到新的话语中。如“启蒙”、“民主”等词语的使用现象中，都能看出文化传统的存在，它也深刻地影响着当时的政治逻辑和结论。正是因为在文化中往往把民处理为缺乏理智、流于作乱的意义实体，故虽有借西学话语形构政治

① （德）伯恩·哈德·格罗斯菲尔德：《比较法的力量与弱点》，孙世彦、姚建宗译，法律出版社 2002 年版，第 78 页。

逻辑的豪情，但始终是南桔北枳。理性和个人逻辑的伸张转移为圣王启蒙、党国训政的集权性主张，而契约框架下的民主、民权回归于“民为邦本”的民本话语。

（3）在对文化特征与文化作用机制的分析上，希望能运用结构分析的方法。在法律文化的“表层—中层—深层”① 的结构体系关系中，探讨和解释近代语境下合法性话语的文化重构问题。在政权合法性问题中，用以论证和说明政权获得正当性的语言、连接方式以及其中所表现的价值排序观念、思维定势是文化的深层结构；所形成的关于权力现象的公理性认识以及逻辑形式，是文化的中层结构；受深层和中层结构的影响，所形成的国家政权权力安排、仪式、主流论证理论等是文化的表层结构。如古代中国法律中有“私习天文”之罪，它即受到了传统法律文化的影响。其中具体的法律规则，是法律文化的表层结构，是行为指令的直接发源；中层结构则是传统文化中所形成的基本观念和信条，即天文天象关涉天命，故只能由王垄断性的学习和观察。它是法律规则产生的正当理由。而它们都是深层结构中的语言、价值体系和思维定势的结果。

二、话语：一种文化学的分析理路

从时间层面上看，在近代中国发生的宪法知识解释与重构过程已经结束了。重构后的宪法范畴与制度理解也随着实际发生的法制建设过程得到很大程度的整合。可以这么讲，我国的国家基本法知识已经发生了更新，并在一定程度上达到了体系内的自洽。这种知识体系已经构成了我辈学者理解宪法概念、思考宪法价值和设计宪法制度的一种“前见”。知识社会学的分析工具，应被学者纳入到自己的研究视域中，成为推进我国宪法本土化研究的重要理论工具。

西方知识社会学基于对语言和意义问题的关注，吸纳了符号学、

① 参见陈晓枫：《误读与解读：法律文化概念的析义与辨正》，载《江苏行政学院学报》2013 年第 2 期；陈晓枫：《法律文化：显型、隐型与结构析论》，载《河南财经政法大学学报》2013 年第 6 期。

传播学中的“话语”（discourse）① 这一概念。应用于政治、法学领域的主要表现形式是通过话语的分析研究，去讨论言说者和言说现象背后的权力现象。把话语、意义与权力联系在一起，使语言的权力问题研究形成波澜壮阔之势的人是福柯，阿尔都塞、葛兰西、赛义德等人也从不同的侧面阐明了语言的权力问题。在这些学者的研究中，语言的使用目的受到了极大关注。目的的差异性导致了意义争夺的不可避免，而对意义的争夺就变成对现实的解释权的争夺（话语权），从而也就成为对世界现实利益的争夺，意义系统的构建与传播实质上是人群在权力系统的策略操作下所形成的一系列事件。奥斯丁所言的“说话就是做事（to say something is to do something)”② 讲的就是这个道理。

“‘话语分析’（discourse analysis）一词由美国结构语言学家哈里斯（Zelling S. Harris）于 1952 年最先提出，此后它作为现代语言学的专门术语被广泛使用。”③ 20 世纪 70 年代初期，由于社会学、

① 话语与语言（language）在学界使用中并不完全明确，它们意义相近但也有不同。“语言”包括声音、意义单位和语法结构，而“话语”则有两个层面上的意义：1. 语言学上的使用。这里的“话语”通常与“语言”重叠，指连接在一起的口头或书面的片断，事实上指比一句话大的任何口头或书写单位。话语分析研究这些片断或语篇是怎样组织在一起的和它们在沟通活动中是怎样被使用的。2. 社会学上的使用。这里的“话语”用来指更加抽象的社会现象。其流行用法深受福柯的影响。福柯的“话语”概念是指发生于一个社会内部、围绕一个问题或一组问题进行的大范围讨论。他注意到人们谈论问题的方式以及对问题的思考与行为的结果（这些都是话语分析的内容），与权力结构和权力运作有着千丝万缕的联系。话语间的竞争反映了社会权力结构，话语既是权力的一种工具，也是权力的一种结果。以此思考结论为基础，他研究了惩罚的话语和性的话语，并形成著作。参见（美）约翰·M. 康利、威廉·M. 欧巴尔：《法律、语言与权力》，程朝阳译，法律出版社 2007 年版，第 8 ~ 9 页。也有西方学者把这两个层面意义上的话语区分为微观话语（microdiscourse）和宏观话语（macrodiscourse），而本书注意的是第二层面的话语概念，即宏观话语分析研究。

② J. L. Austin, How to Do Things with Words. Oxford University Press, 1991. 转引自王人博：《庶民的胜利——中国民主话语考论》，载《中国法学》2006 年第 3 期。

③ （美）约翰·M. 康利、威廉·M. 欧巴尔：《法律、语言与权力》，程朝阳译，法律出版社 2007 年版，“法律权力运动的语言面向（代译序）”第 13 页。

人类学、心理学和人工智能等领域的参与，话语分析迅速发展成为一个独立的研究领域和重要的语言研究方法。20 世纪 80 年代以来，"话语理论"给人们思考一切合法性问题提供了有力的工具，"人们把所有文学话语、新闻话语、历史话语、法律条文、身份表达、各种写作乃至科学报告都看做是社会地和历史地建构的，是各种文体规则、叙事元素、权力建制资源的配置和再生产，是各种欲望和意识形态的重新编码，是一种话语的和意义的游戏。然而，所有这些叙事的话语都标榜自己是中立的、客观的、纯洁的。因此，对种种谈论、表达方式作历史的、语境的运作，发现那些使自身合法化的概念运作的秘密就成为话语分析的策略"。① 这种问题意识和分析理路早在马恩著作即可见端倪，明见于福柯、布尔迪厄等人的研究当中，而今在一些新马克思主义者以及后现代主义者的著作中已经见之不鲜了。

既然话语是权力的核心，那么法律作为一种组织和施行权力的技艺，必然是在法律语言、法律话语的运用中展现其特性的。注重法律话语的交叉研究，既能揭示话语背后的权力、歧视、不平等等一般性法律问题，又有助于突破传统的法学研究范式，实现法学的语言学转向。在这一点上，国外的法学研究值得我们借鉴。从学术史来看，"国外对法律语言的研究肇始于'二战'以后的法律实证主义，并随着语言学本体研究的发展，经历了两次语言学转向"②。由于本节仅在说明话语分析在法学、宪法学领域的工具性意义，因此对这一点不复多言。

---

① 胡春阳：《话语分析：传播研究的新路径》，上海人民出版社 2007 年版，第 12 页。

② （美）约翰·M. 康利、威廉·M. 欧巴尔：《法律、语言与权力》，程朝阳译，法律出版社 2007 年版，"法律权力运动的语言面向（代译序）"第 18 页。译者认为，第一次是在前期维特根斯坦的逻辑实证主义思想影响下发生的法学中的"语义学转向"，以哈特创立、麦考密克和拉兹等人继承发展的"新分析法学"，以及以沟通理论、符号学、修辞学、论证理论等为背景的法学理论为代表。第二次是随着语用学、篇章语用学、哈贝马斯的理性商谈理论以及后期维特根斯坦的日常语言哲学的兴起，法学出现的"语用学转向"，即由过去的对法律文本的语义学分析转向以法行为中的语言、法律发现程序、法律应用与法律遵从的关系、法律决定的形成等为内容的语用学分析与证明。

法律作为一种话语文本，其背后也关涉了复杂的利益——权力关系。这一点与法律经济学的研究旨趣颇为接近。如英国 1865 年颁布了一部有名的《红旗法》（“Red Flag Act”），规定刚刚问世的汽车在城内行驶不得快于每小时 2 英里，在城外不得快于 4 英里。为了保证做到这一点，法令竟要求每部车上路时必须有人举红旗步行在前。① 如若我们关注到当时英国的交通行业格局，便能轻松地理解法律为何如此言说；因为该项法令在于保护传统马车生意不受汽车的竞争威胁。利益关系影响了人们对事物的言说方式与话语内容，而话语本身则会表达某种权力系统的内在结构，即统治者对利益关系的态度、组织与操作策略。与法律经济学着重采用“成本-收益”的理论工具去分析制度设计的效能性问题不同，话语分析的关注重点是探究法律文本（包括法学思想、法观念、意识形态和法律文件）背后的“谁在说话?”以及“如何说话?”等权力运作策略的问题。在这些问题得到充分讨论的基础上，才牵扯出话语文本与既存权力/利益格局之间关联性的研究视域。

通过话语分析，我们可以深入讨论和解释某一法学概念、法律思潮或者法律文件发生变迁的历史过程。如以西方宪法学中的“主权”概念为例，从教会主权到君主主权再发展至议会主权，乃至人民主权，这个概念的内容增减与表达变化，浓缩了宗教教会与世俗国家、专制君主与封建贵族、庄园地主与城市市民之间复杂的权力斗争历史。又如，从沃特金斯的研究中可以看到，西方宪法发展史过程的三大理论思潮（自由主义、保守主义和社群主义）实质上是中产阶级、贵族地主、农民阶级以及都市无产阶级在利益博弈格局中的话语表达，这些利益集团的话语在历史情境下的复杂实践，诞生出宪政主义这一产儿，成为支配现代西方政治的主要传统。②

---

① 参见周其仁：《收入是一连串事件》，中国发展出版社 2004 年版，第 175 页。该书中有很多例证用以说明法律条文背后的利益博弈。

② 参见（美）弗雷德里克·沃特金斯：《西方政治传统：近代自由主义之发展》，李丰斌译，新星出版社 2006 年版。

话语背后隐藏着一种关涉利益的权力策略，这一点在中西方宪政历史中都有明证。在18世纪北美的英国殖民地上，中产阶级因其母国采取重商主义政策而对本地工商业造成的阻碍感到不满，他们首先利用英国既有的宪政传统，以“无代表不纳税”的口号呼吁对母国的殖民地政策进行调整，要求另立美洲地方议会。当改革建议未获实现时，作为推进殖民地改革话语的言说主体，中产阶级内部也发生分化：一部分深受英国法治传统教育的有产者并不赞成用革命的方式去震荡既有的社会秩序。为了争取民众支持，取得革命胜利，诸如亚当斯等革命者大力宣扬主权在民的政治原则。这种话语策略果然激发出下层民众的革命热情，并帮助中产阶级取得了独立战争的胜利。然而，美国并没有出现法国式的“民主暴力”① 局面。中产阶级领袖意识到绝对主义的政治理念对自身阶层利益的冲击，于是，“对政府权力的不信任，哪怕这个政府是民主政府”，“必须以法律限制政府行为”等诸如此类的言论出现在汉密尔顿等人的著作中。传统的法治、自由信念在话语体系中重新获得恢复，并与民主、人权话语一道支配着美国国父们完成了伟大的宪政设计。② 而在法国大革命制宪过程中，我们也能看到，不同阶层的代表基于各自不同的利益对宪法内容提出不同的要求。如工商业代表要求经济活动的自由权，排斥权力对劳资关系及其他社会关系的介入，并要求权力分立来防止权力集中，主张采取限制选举制以排除一般民众阶层参与政治；与之形成鲜明对比的是一般民众阶层的宪制话语。他们要求对经济自由进行积极限制，提出对经济上的弱者进行必要的帮助，而在政治上，他们认为权力如果脱离人民的控制，即便权力分立也会被滥用变质，因此，他

① 参见朱学勤：《道德理想国的覆灭：从卢梭到罗伯斯庇尔》，上海三联书店1994年版。

② 关于中产阶级在美国宪政史中的作用及其原因分析，可参见（美）弗雷德里克·沃特金斯：《西方政治传统：近代自由主义之发展》，李丰斌译，新星出版社2006年版，第117～121页。美国制宪与经济利益集团之关联分析，可参见（美）查尔斯·A. 比尔德：《美国宪法的经济观》，何希齐译，商务印书馆1984年版。

们诉诸于体现“民主集中制”色彩的人民主权言说，主张所有执政者必须置于主权者的人民控制之下，贯彻和实现“源于人民，服务于人民的政治”。①

在我国民初开启共和宪政之时，以孙文、宋教仁为代表的革命党人先是于《临时政府组织大纲》中确立了总统制的政制结构，后在袁世凯成为总统唯一人选时放弃既定的宪制设计，虽仍置大总统，但以各种宪制条文把《临时约法》的政制精神修改为责任内阁制。前后宪制话语的变化，其实与革命党人不信任武人袁氏，希望以责任内阁、议会竞选等制度来架空总统实权的权力目的有关。革命党人一方面用国务总理、国务院的副署制度牵制与防范袁大总统，另一方面又对议会选举有充分的自信，意图以国会选举的胜利来控制政治权力，故而所设计的责任内阁制并没有像西方国家那样，规定总统、总理对于议会的不信任权与解散权以达致权力结构的制约平衡。② 宪制话语的精神核心仍在于确保革命党人对实权的把握，而话语则充分反映出革命党人的政治意图。由此可见，把话语分析作为研究法律文本变迁的一种理论工具，能使我们较为清晰地理解宪政史中的这种因人置法的话语言说与权力策略。

本书研究的最大困难，在于对不同文化背景下的合法性话语的抽象与互译。合法性问题本来是来自西方语境下的一种问题思考，在于反思和探究权力的性质、源泉和价值问题。如何运用本土语汇来概括类似的问题是本书研究的一个难题。加之中国古代思想范畴往往不进行定义，范畴之间的联系区别不够明晰，一个词语往往在有关于宇宙、政治与人生问题的讨论中杂糅使用。于是，词义上的人为剥离是必要的，尽管这种做法可能会招致对研究前提和结论的质疑。

应该承认，宪法是西方世界独特的知识系统和制度体系。但文化

① 参见（日）杉原泰雄：《宪法的历史——比较宪法学新论》，吕昶、梁涛译，社会科学文献出版社2000年版，第13～14页。

② 荆知仁：《中国立宪史》，台湾联经出版事业公司1983年版，第226～232页。

不是一座孤岛，每一种文化都会随着交流的加强而彼此影响，由此而来的交叉文化可能使区别变得模糊；因此我们必须比往常更应感觉灵敏和有辨别力。一般而言，在能明白外语文本以前，我们都必须使自己熟悉其文化背景，因为文本中词语的选择和意义取决于其文化背景。理解这种交叉文化的作用，是为了更清楚地认识我们自己，更好地发挥出人类共有的聪明才智。希望能通过此书的研究解决两个基本问题：一是找到古代中国历史语境中论证政权合法性问题的文化传统，探讨这种对政治的特定理解与古代专制制度之间的关系，并始终与西方的法理型统治下的权力观念与制度保持适当的比较。二是以文化学的观点解释近代中国所形成的独特的合法性问题，感受在传统的政治观念与新的政治理解之间的交织碰撞下，所形成的中国近代宪法文化。任何一个问题的解决，作者都会备感欣慰，因为作者相信，所得到的结论将加深我们对西方文明所提倡的法治和宪政的理解，将有益于当下的宪政建设。

最后，请允许我以一个小故事作结，再次强调本书思考的构想始源：当国学大师辜鸿铭拖着他那独特的小辫，第一次出现在北大课堂的时候，在座的全体同学哄堂大笑。此刻，先生只是缓缓地吐出这么一句话："我头顶上的辫子是有形的，而诸君心底的辫子却是无形的。"

第一章　西方语境下的合法性思考

由于自晚清以来，中国人一直致力于政治观念和体制的更新与改造，而主要的借鉴与移植对象即是西方文化语境中所产生的宪法知识制度体系。因此，本书的研究内容中势必会出现对中西方政权合法性论证、文化传统诸多方面的种种比较。需强调的是，比较并不意味着本书作者要作出道德式的论断评价；比较的主要目的在于智识上的反思，是为了更清楚地诠释东西方文化中相关问题上的思考差异。这也是文化学意识贯彻本书始终的一种表现，“我们是被决定着的”，而非“为了对的（真的）而决定我们的行为”。为了比较的便利，本书在开篇部分会探讨西方语境中的合法性研究以及对宪法文化影响最深的法理型合法性。这种合法性话语深刻的影响到西方人进行权力组织、权力配置及运行的制度体系。当比较的参考坐标系建立起来之后，近代中国的制度移植问题就会更加凸显其文化上的区别：由于语言、价值体系及思维方式等文化内在要素的影响，政治统治的核心问题——合法性仍被中国式的解读。这样的解读表现在对西方人的宪法观念和制度进行的意义构建，仍然受到了传统法律文化规则的规定和制导。

第一节　西方学术系统中的合法性研究

在西方话语体系中，“合法性”（legitimacy）① 是一个与政治有着密切联系的词汇，使用得非常泛滥。“合法性问题虽然是政治中的

---

① 它的译法比较多。海外华人学者和日本学者较多的采用“合理性”、“正当性”或“正统性”来翻译对应的英文词汇，以区别于一般法律意义上的“法定性”、“有效性”和“合法性”。本文采用大陆学者的通用译法。

核心问题，但是却并非某一个学科的排他性特性。哲学、政治学、法学、社会学、政治人类学等也同样将合法性作为其优先研究对象。有关的图书资料已足以证明这一点。"① 即使是在政治领域中，它也是"政治分析家们尽量避免使用的不易把握的概念。"② 事实和价值层面的双重使用更凸显这一范畴的重要性。对于这一点，哈贝马斯看得很准。"合法性概念的重要性已被承认，并已被这一事实所证明：所有的政治生活观察家都情不自禁地引用它；但与此同时，在谈论政治判断这一问题时（他们）保持缄默。"所以"在欧洲，如果不是从梭伦开始，那么至少也是从亚里士多德开始，政治学理论就从事于合法化统治兴衰存亡的研究"③，尽管规范意义上的合法性研究源自于近代的韦伯。

可以这么说，在西方语境里，合法性问题构成了政治哲学的核心问题。自柏拉图以来的西方学术传统所进行的哲学思考，本质上都是关于政治合法性的合理证明。他们通常是从形而上的角度探究国家正义的属性及设计，通过一种关于国家正义论的道德哲学的建构，来表现对合法性问题的思索。

一、合法性研究的学术谱系

学术意义上的合法性研究开始于近代。最早提出政治合法性概念的是马克斯·韦伯。他认为，广义的政治合法性是指有道德、宗教、习惯、惯例和法律等构成的合法秩序。而狭义的合法性，是他所进行的合法性基础的类型化研究，即神圣魅力的统治、传统的统治和法理型统治三种理想类型。所谓"神圣魅力的统治"，是被统治者信奉某个圣人、英雄和不同寻常的个人以及那个人的"使命"。合法性建立

---

① 参见（法）让-马克·夸克：《合法性与政治》，佟心平、王远飞译，中央翻译出版社 2002 年版，第一章"何谓政治合法性?"。

② （美）亨廷顿著：《第三波——20 世纪末的民主化浪潮》，刘军宁译，上海三联书店 1998 年版，第 54 页。

③ （德）哈贝马斯：《交往与社会进化》，张博树译，重庆出版社 1989 年版，第 186～187 页。

在某个超凡魅力人物的英雄气质、非凡品质和超凡神圣性之上；所谓传统的统治，是指服从基于传统型的惯例权威。合法性建立在对于习惯和古老传统的神圣不可侵犯性的要求之上，如统治者可凭其世袭地位享有令他人服从的权威；所谓法理型统治，是现代类型的统治，被统治者相信“法治”以及按照法律规范得到适当授权的人的权力。合法性建立在对于正式指定的规则和法律的正当行为的要求之上，人们服从依照法规而占据某个职位并行使权力的统治者。① 当然，在他看来，现实的政治秩序总是杂糅着三种典型而完成治理的。

与同时期的学者一样，韦伯的思路仍是达尔文和笛卡儿式的。他主要概括了自古至今的合法性类型，并强调一种现代类型的政治秩序所包含着的合乎法律程序性，但古代与现代的排序，实际上就已经蕴含了他对政治合法性的价值意义的倾向性理解。他认为人类社会从古代发展到近代，那么统治的合法性类型也要随之跃迁。近代以来的合法性研究的学术框架基本上是由此人奠定。而法理型统治也成为西方人用以解释现代政治合法性的一种经典解释传统。

哈贝马斯承举着价值大旗，来批评韦伯研究中过分的以经验的角度研究合法性问题，试图将经验研究和传统的价值主义融入到合法性概念里。“合法性意味着，对于某种要求作为正确的和公正的存在物而被认可的政治秩序来说，有着一些好的根据。一个合法的秩序应该得到承认。合法性意味着某种秩序被认可的价值——这一定义强调了合法性乃是某种可争论的有效性要求，统治秩序的稳定性也依赖于自身在事实上被承认。”而“如果合法性信念被视为一种同真理没有内在联系的经验现象，那么它的外在基础也就只有心理学的意义。”② 他所提出的合法性概念是经验性与规范性的统一，强调的是一种民众对政治权力的符合价值规范基础上的支持与忠诚。

---

① 参见（德）马克斯·韦伯：《经济与社会》，林荣远译，商务印书馆1997年版。

② （德）哈贝马斯：《交往与社会进化》，张博树译，重庆出版社1989年版，第206页。

通过对国家合法性演进类型的历史研究，哈氏认为政治合法性，也即国家统治权力的合法性，是与古代神话、宇宙论、新自然法的社会价值规范相联系的。合法性类型的跃迁是伴随着某种思维的萎缩而发生的。“在文明的时代是伴随着神话思维的萎缩而发生的；在现代则是伴随着宇宙论的、宗教的、本体论的思维的萎缩而发生的。”① 他认为现代国家的合法性的最大特征是：不依靠某种终极基础来证明，而是通过证明的形式条件来获得合法性，理性协议本身的程序与前提变成了合法性原则。“对于现时代的合法性问题来说，具有决定意义的框架的是证明水平已成为反思性的。现在，证明的程序和假设前提本身是合法化之有效性立于其上的合法性基础，某种协议——这种协议乃是作为自由的平等的全体涉及这中间产生——的观念决定着现代合法性的程序类型。”② 哈氏认为，这种合法性的程序化类型是由卢梭创立的。他认为，在近代所形成的自然法与社会契约的影响下，世俗化的价值观念、理性的法则、抽象权利的观念、主权思想和民族意识，成为最主要的合法性内容。现代资本主义国家就是通过这五个方面的规范，建立自身的合法性。哈氏与韦伯一样，非常重视法律规范体系与政治合法性之间的关系。现代意义上的合法统治具备以下两个条件，一是“必须从正面建立规范秩序”；二是“在法律共同体中，人们必须相信法秩序的正当性，即必须相信立法形式和执法形式的正确程序”。这样“合法性信念就退缩为一种正当性信念，满足于诉诸作出一种决定的正当程序”。③

此后的麦基弗继续着这样的解释系统，认为合乎宪法或者一个可接受的法律标准，是作为一个政治是否具有合法性的唯一重要表征：当一个政府是依据事先存在的基本法规而取得统治的且没有擅自修改

① （德）哈贝马斯：《交往与社会进化》，张博树译，重庆出版社 1989 年版，第 191 页。

② （德）哈贝马斯：《交往与社会进化》，张博树译，重庆出版社 1989 年版，第 191 页。

③ （德）哈贝马斯：《合法化危机》，刘北城、曹卫东译，上海人民出版社 2000 年版，第 127～128 页。

或破坏基本法规，那么这个政府就是合法的。卢曼也论述到正是由于权力是根据已建立的绝对肯定的法规在进行活动，因此它才能合法的稳定运作。当这种体制在正式法律程序范围内制定决议时，它就是合法的。这种通过法律程序实现合法化的过程，在帕森斯看来，是一个社会制度中的成员通过这一过程来评价和控制他们的行动，使之符合这些共同的、内在化的职务上所必需的社会过程，合法性成为政治制度本身所具有的功能。①

从上述学者们的论说可以看到这样共同的趋向，西方学术界逐渐用制度安排的形式合理性取代了合法性的概念：认为合乎形式理性的制度设计才能维持和促进那些西方人推崇的自由、平等等价值范畴。国家的统治应该建立于稳定的规则之上，因为这些规则本来就包含着近代西方人用于解释政治权力和统治关系的重要价值范畴。研究和重视权力规则自身的逻辑，实质上就是重视和坚持政权的合法性问题。这种思路是近代所兴起的科学主义和学科分化后的结果。于是，政治哲学和法哲学研究价值合法性，政治科学与法理学研究规范合法性，合法性的两层维度问题发生了研究上的分离。

其他的政治学家对合法性也有独特的理解。杰出者如当代政治学家戴维·伊斯顿，从信息交换的角度研究统治合法性问题。② 认为政治体系与社会环境有着信息输入与信息输出的开放系统。而政治合法性本质上是“社会环境”对“政治体系”的一种无条件的支持，即“散布性支持”，是两个体系信息交换与互动的结果。“支持”是社会环境成员对政治体系的赞同态度，而“散布性支持”是社会环境成员对政治体系的无条件依附与赞同，所产生的结果之一就是“政治合法性”。散布性支持的对象是政治当局与典则，可能产生散布性支持的来源有三：意识形态、结构和个人品质。意识形态为政治系统的

① （美）约翰·基恩：《公共生活与晚期资本主义》，马音等译，社会科学文献出版社 1999 年版，第 266～267 页。

② 参见（美）D. 伊斯顿：《政治生活的系统分析》，华夏出版社 1999 年版，第 317～318 页，第 336～379 页。

合法性提供道义上的诠释，有助于培养系统成员对于政治权威和体制的合法性情感；结构作为合法性的源泉则意味着通过一定的政治制度和规范，政治系统的掌权者即可获得统治的合法性，即合法的政治结构能够赋予其执政者合法的地位；而合法性的个人基础是执政者个人能够赢得系统成员的信任和赞同，这种个人合法性所包含的内容要多于卡里斯玛的范畴，因为并非所有的执政者都真正具有超凡魅力，但通过表现出一种虚假的魅力他们也能够操纵大批的追随者。故而政治合法性的类型分为"意识形态合法性"、"结构合法性"和"个人合法性"三种。其中意识形态合法性有些类似因某些共同价值而形成的认同感，而结构合法性似从制度、规范的角度研究政权的合法性产生，而个人合法性事实上以前二者为条件的：政权领袖要么以意识形态的宣传个人魅力，要么以合乎法律规范的行为输出个人威望，赢得民众的认可和支持。

又如一生与自由宪政主义为敌的施密特。① 他也看到了形式理性、契约论等观念在近代国家政治合法化的重要作用，但是他认为这并不意味着国家政制走向世俗化。在经历了中古世纪中精神领域与政治领域的分离之后，近代所兴起的民族意识、主权论实际上是政权的神性权威的重新统一，是政治的神学。国家正当性须建立在以同质一体的、能够凝聚成一个民族精神整体的市民为基础的宪政。我们应该看到，虽然施氏独具慧眼，看到了自由宪政者所忽略的非常状态问题，但是他仍然在强调规则化的宪政对于政权合法性的基础作用。

从上述合法性在西方的研究谱系来看，合法性概念通常在两个紧密相关联的维度上使用和进行研究。价值维度主要是探讨可作为理想标准的政治秩序所包含的价值范畴，提出问题的方式通常是：一个现实政治秩序或政治行为如果能够体现并促进民众所认同的理想政治秩序的价值，那么政权和行为就具有合法性。譬如说西方人认为统治应源自于被统治者的同意与授权，那么一部包含着"主权在民"原则

---

① 参见刘小枫：《施密特与政治哲学的现代性》，载《浙江学刊》2001年第3期。

的宪法就表现出了合法性。而规范事实角度则主要考虑现实政权赢得民众认可的具体途径与方法，研究政权自身合法化的过程。譬如说公民认可了警察对他的罚款，警察的具体行政行为获得合法性。该合法性具体是如何产生的呢？最主要的途径是国家通过法律知识的宣传，已经使民众获得这样的认知：警察的行政行为经过行政法和宪法的授权，即具备法律效力。合乎法律的政权行为具有施加统治的合法性，应当服从这种合法权威。合法律性解释了人们对政权现象的追问，缓解了民众从价值层面拷问政权所带来的政权风险。所以有些学者说通过宪法和法律框架的确立，传统的政权合法性问题已经不存在了。近代意义的合法性研究传统多集中于科学实证分析，尽管这两个层面的思考对于政权合法性问题而言都是十分重要且联系密切难以割裂的。譬如刚才所举之例，民众服从经合法授权的行政行为，根本原因还在于民众相信这样的合法行为不是对自己的平等、自由等价值的侵犯，而是能够更好地维持和促进保障自由、民主、平等等价值的秩序。每个公民是能够从这样的政治秩序中获益的。

二、法理型合法性

合法性与法律的关系十分密切，从西方学者对合法性的词源分析就能看出。Legitimacy（合法性）与 legal（法、合法）的词根都是古拉丁语 lex（法律），所以在讨论二者关系的时候，合法性往往被定义成“合乎法律的”。从词源的演变来看，古拉丁语中的 legitimate 确实有“合于法”之意①。但在中古时期，由 legitimate 变化而成的 legitimatas 就已不仅指“合于法”，更多的是指“合于传统惯例”② . 现代英语词 legitimate 和德语词 ligitim，除了有“合乎法律”、“合乎传统惯例”等含义之外，还包括“合于程序”、“合于逻辑”、“合

① Mchael Agnes（Editor in Chief）：Webster's New World College Dictionary，Fourth Edition，Cleveland，OH.

② J. G. Merquior：Rousseau and Webster：Two Studies in the Theory of Legitimacy，Landon .

理”等意义在其中①。这其实是西方合法性概念跃迁的历史反映，是西方人群思维祛魅化的结果。而二者关系的重要性，恰恰说明了西方历史经验中把法律作为调整社会关系的最基本规范以及以法律范畴作为政治合法性的支撑范畴的事实。

政治学家与法学家都注意到合法性与合法二种概念的相互关系。政治学家往往强调合法性不能简单地等同于合法。夸克通过研究发现，合法性这个词汇第一次使用于中世纪文献中的时候，仍保留着“与法律相一致”这一层含义；但人们对正义、权力正当等问题的思考，逐渐凸显了合法性在价值层面的含义。合法性被等同于统治资格，并被当做一种以法律途径而获得有效性活动。② 尽管法律对于合法性十分重要，但是如果把合乎法律作为判断合法性的最终标准，那么“这意味着对国家的一种屈从，这种屈从于合法性理念是完全背道而驰的。”③ 哈贝马斯也区分了合法性与法律控制下的有效性、效率性。他援引李普塞特的话说：“效率主要是一种手段，而合法性却是提供价值判断。社会群体鉴别一个政治制度是否合法的依据，是看它的价值取向如何和它们的相吻合。”④ 而西方法学家大多以规范法学的理论强调法律对于实现合法性的关键作用，典型的表述是大陆法系的理念逻辑：凡经过宪法授权、符合法律的，即具有合法性。⑤ 两种研究意识的对立即是“实质的正当性”和“程序的合法性”之间

① Mchael Agnes (Editor in Chief): Webster's New World College Dictionary, Fourth Edition, Cleveland, OH.

② （法）让-马克·夸克：《合法性与政治》，佟心平、王远飞译，中央翻译出版社 2002 年版，第 25 页。

③ （法）让-马克·夸克：《合法性与政治》，佟心平、王远飞译，中央翻译出版社 2002 年版，第 30～31 页。

④ （美）丹尼尔·贝尔：《资本主义文化矛盾》，赵一凡等译，三联书店 1989 年版，第 232 页。

⑤ 当然，在法理学界都还有相反的观点。如价值法学派一直强调权力合法性应建立在公认的价值原则上，而不仅依赖于法律程序上；英国法系也存在着反对合于法即有合法性的传统。

的分歧。这些争论恰好证明，在西方文化系统中，法律与合法性问题存在着纠葛不清的重要联系。

理解法律与合法性关系的关键在于：作为一种重要的政权现象，法律本身既是合法化的对象，又是合法化的标准与依据。一方面，法律作为必要的统治手段，必须且必然存在对其的理解、解释、说明、评价、批判等合法化过程。同时，统治行为也可以通过合于宪法法律获得合法性解释。从这个角度上说，宪法法律又成为政权合法性的依据。近代以后的西方社会，基本上是以宪法法律规则体系作为合法性建立的最重要依据，也就是韦伯所分析的法理型的统治类型。

法律与合法性的复杂关系实质上是合法性概念两个维度之间的关系表现。在西方学者看来，沟通这两个维度的主要是稳定性的、可预测的法律规范系统。“人类政治活动的经验和当代政治学研究的结果都已经反复表明，政治统治固然不能离开暴力或者物质的强制力，但是纯粹的暴力强制只能带来短暂的军事性的‘征服’，而不可能实施有效的统治。”① 换言之，一个稳定的政权总是在谋求其统治的合法化过程。通过与价值合法性的连接，暴力获得了意义解释，成为了合法的国家权力，并利用稳定性的制度规则体系固定下来，成为民众调整自身行为与国家认可的合法行为之间的主要依据。“规则是使权力合法化的一种有效方法。它们准确的确定官方权威的范围和界限，因而就提供了表面上看来是清晰的检验责任的标准。”② 法律规则自身的属性为权力行使的正当化说明了理由。民众既可以根据自己内心的价值体系，通过个人行为与国家规定的法律规则之间的偏离程度来表达对政治法律体系的认可与服从态度；又可以在法律体系的意义解释中理解国家行使国家权力调整个人行为的正当理由。“今天，最普遍的合法性的形式是对法定性（legality）的信仰，即接受形式上正确，

① 张星久：《论合法性研究的依据、学术价值及其存在的问题》，载《法学评论》2000年第3期。

② （美）诺内特、塞尔兹尼尔：《转变中的法律和社会》，张志铭译，中国政法大学出版社1994年版，第68页。

并按照法律制定的法规。”（韦伯语）① 权力的规则性以及所衍生的关于法律规则的有效性和合理性成为政权合法性的中心内涵，法理型合法性成为西方现代国家权力合法化、正当化的主要表现形式。

这种合法性类型就是韦伯等人所论及的“法理型合法性”。即在西方人的观念里，理想的政治秩序和正当化的权力必须建立在稳定性的规则和程序（最主要的是宪法）之上。此种合法性类型，诚如哈贝马斯所分析的那样，与强调社会契约论、新自然法的西方近代语境是分不开的，是西方文化传统的产物。

（1）在法理型统治②中，统治者和被统治者主要是依据程序、制度来达到政治共识。如果一个政治决策和行为是按照既定的会议制度和程序产生的，并且在必要的规则轨道里完成运行，那么遵守和服从自然具有合法性。它建立于西方文化中这样的共识：即权力是必要的恶，需要通过规则进行控制。在这样的意义系统中，现代宪法国家的合法性问题转变为对权力本身及其制度规则的合理性的讨论。所形成的关于权力性质、规则的信条内涵于宪法和法律规则的合理性之中，故合乎程序、合乎预先性的法律规则的权力就是合理合法的。合法性话语转化为对宪法法律框架体系的设计安排，落实于一国的宪政建设。其中，在宪法观念和原则上，需符合合法性话语对权力性质和价值的认识。如有限政府观念、自然权利观念、程序正义观念、人民主权原则、法治原则等；在宪法制度上，需建立满足权力自身的逻辑性的宪法法律体系，这主要有宪法的制定和修改制度、宪法的效力制度、分权制衡式的权力配置体系、违宪审查制度等。

（2）法理型的统治与西方文化中“人”、“理性”、“正义”、“民主”、“契约”、“法”等词汇在近代语境下所构筑的意义系统有关。

① 转引自（法）让-马克·思古德：《什么是政治的合法性?》，载《外国法译评》1997 年第 2 期。

② 石元康称之为“法制型统御”，并强调这种统治形态的主要特征是法律的实证主义，强调理性的形式原则。参见石元康：《天命与正当性：从韦伯的分类看儒家的政道》，载《开放年代》1999 年第 6 期。

康纳利在其所编的一本关于正当性问题的书中曾指出，“正当性问题”在西方传统政治中隐而不显，主要原因是由于现代性出现以前，人们把政治秩序当做自然秩序的一部分，而现代人则不再认为政治属于自然，国家的基础由自然转移为协定。① 韦伯、哈贝马斯的研究皆可印证这样的观察结论。合法性问题与西方近代资本主义商业的发展、民族国家的兴起、三 R 运动等的历史语境是分不开的。传统文化中的用以描述和理解政治现象的词汇范畴发生了新的意义诠释，重新构建了西方近现代关于政治秩序的意义系统。西方人在这种意义系统里理解政治现象并将其正当化，核心观念在于强调政治现象乃是以协议、承诺为基础的交换，而国家权力需要具有形式理性的法律规则来引导和规制方可表现其正当性。这次意义系统的改变十分重要，是西方人二元性价值体系与思维方式的结果。这里不作详细讨论，将于正文行文中杂糅到对中国法律文化的比较之中。

第二节　契约法治文化中的人民主权

在西方法理型统治秩序下，“人民主权”是其政法话语体系中的关键词之一，它是西方历史语境中生产而成的典型文化产品，深刻地形塑了西方近现代国家的宪法文化。古希腊罗马时代的海商文明孕育出古典城邦中的民主政治，它作为诸多政体素材之一，出现在亚里士多德的论著之中，成为其论说中庸政体和法治原则的重要理论支撑；亚氏的观点，被经历了中世纪的黑暗沉闷与割据战火的启蒙思想家重新捡拾出来，获得重释的“主权”和“人民主权”学说，以一种新的政治理念面貌频繁地再现于西方思想界的论域之中，用以回应当时代的社会政治问题。资本主义国家在建构国家政治体制、发展资本主义市场经济时，不可避免地受到了这种主权理论的影响，在一种社会契约论的逻辑框架中，思考和理解着国家与人民、政府和社会、政治

① William Connolly ed., Legitimacy and the State (Oxford: Basil Blackwell, 1984), pp. 2-4.

与经济、自由与法治等诸多范畴之间的关联关系，发展出以“主权在民”为其政治演生逻辑和基本原则的近现代宪法政治。

在这种宪法政治图式中，人民的价值和地位获得了极大的伸张，它是国家政治生活展开的逻辑起点、运作中枢和价值归属，并在西方文化的整合作用下，与自由、民主、共和、法治等范畴形成了一个自洽的逻辑结构，有效地回应了韦伯所提出的政治统治的“合法性”问题，筑基了西方现代民主宪法政治。它“给人类政治生活带来的根本变化之一是，统治与被统治的关系不再基于统治者的优异品质，而是基于与人民的同构型”，即“仅仅出自被统治者或被治理者的意志、委托和信任。”①

“人民主权”回应的核心问题实质上是政治合法性问题。任何一个成熟的政治文明都必须解释清楚统治权威与政治服从之间的关系，从而形成较为稳定的人群秩序现象。这种政治认同关涉到特定文明圈内的文化价值判断系统，可以说，作为一种政治正义论，它与“正义”一样“有着一张普洛透斯似的脸（a Protean face）”，在不同的民族历史语境中“随时可呈不同形状并具有极不相同的面貌”②。法律则是西方人透视这张普洛透斯之脸的智慧密钥。西方文化语境中发展出一种法学智慧，它使得西方人能够以特定的概念范畴和逻辑结构理解现实生活中的各种关系，并在此基础上建构起一种以自由、主权、民权、法治等为核心范畴的知识——秩序图式。

一、古希腊海商城邦中的民主制

古希腊文明是西方文化的摇篮。雪莱曾经说过：“我们全是希腊人的；我们的法律，我们的文学，我们的宗教，我们的艺术，根源都

① （德）卡尔·施密特：《宪法学说》，刘峰译，上海人民出版社 2005 年版，“中译本前言”第 4 页。

② （美）E. 博登海默：《法理学：法哲学与法律方法》，邓正来译，中国政法大学 1999 年版，第 252 页。

在希腊。"① 现代西方文明的雏形应该到古希腊文明中去找寻，包括它的文学、艺术、法律、宗教、哲学等，包括古人们最初思考的问题和对问题形成的解答。因此，古希腊历史是西方形成最初权威意识及其支配下的秩序文化的语境。这种语境中所发展出来的对私益的看法，以及私人利益与国家法律、正义之间的关系，构成了后世民主话语的思想"前见"。

第一，海商民族的生活经验，使得西方人较早地放弃了血缘性的宗法原则，在一般性的公平公正观念指导下，进入到以契约原则调整社会关系的公共秩序生活中去。这是影响西方法律观与制度文化的一个重要因素。海商文明中的血缘胞族在扩张成为城邦国家的过程中，很难形成至上权威的观念，唯有通过地缘的社会组织遵守共遵的法律规则，确认城邦共同体的统治权威。

古希腊文化是以地中海上的克里特岛的原始人类文明为中心发展而来的，被学者称之为"海洋文明"中的典范。岛国的地理位置使得人类必须借助航海术进行必要的物质生活资料的交换以维持文明的发展，这种客观的选择构成了"海洋文明"的种种特征。孤独而充满风险的航行造就了航海者分工协作、重视技术能力的素质，频繁的商贸往来提炼了交易者的交换行为，形成较稳定的交易习惯和规则以及公平的贸易理念，因商业原因而进行的大规模移民，传播了共识性的规则观念和行为模式，而在茫茫大海上对生死的忧虑与思索也启迪了人类关于终极问题的智慧。"希腊人的认识并不局限于对物理世界和宇宙的观察，他们的认识扩展到人类自身、人在事物秩序中所处的位置、人类社会的特质以及规制人类社会之最佳途径"②。西方文明中的民主精神、法律制度以及宗教哲学等在古希腊人的漫漫航行中孕育、发展和强化。

① （美）爱德华·伯恩斯，菲利普·拉尔夫：《世界文明史》第 1 卷，罗经国等译，商务印书馆 1987 年版，第 258 页。

② （英）韦恩·莫里森：《法理学：从古希腊到后现代》，李桂林、李清伟、侯健、郑云瑞译，武汉大学出版社 2003 年版，第 27 页。

恩格斯和梅因在描述西方阶级社会出现和古代法律变迁现象时都曾指出过一种现象：各氏族一起放弃了族内宗法的要求，而共同协议运用一种“公共”的或者“毗邻”的原则，决定双方或者多方的权力分配。新的公共生活产生，人们在进行社会活动时，不再按照血缘身份来调整自己的行为，而是根据一般化的具有平等色彩的居民身份。以权利义务为内容的法律得以发展并替代了传统的宗法规则。恩格斯分析变化之因在于避免彼此争斗的利益集团同归于尽，梅因则解释为各族都已足够强大，并立的多头权威唯有妥协，而汤因比形象地把这一特征归因于跨海迁移造成的血缘混杂：“跨海迁移的第一个显著特点是不同种族体系的大混合，因为必须抛弃的第一个社会组织是原始社会里的血族关系”，因为“如果有许多船同时出发到异乡去建立新的家乡，很可能包括许多不同地方的人——这一点和陆地上的迁移不同，在陆地上可能是整个血族的男女老幼家居杂物全装在牛车上一块儿出发，在大地上以蜗牛的速度缓缓前进。”① 所有这些解释都忽略了一个问题：放弃了宗法法则以后，社会交往如何进行？对这个问题的追问使得我们断定：“当人们放弃‘宗法拟制’原则的时候，他们有足够的理由确信，另有一种更高的原则存在。这一种原则能够‘公共’地适合每一个氏族，规定人们共遵的行为界线。”②

海商民族的贸易行为是培育这种一般正义观念、平等观念的基因土壤。当商业贸易成为一个部族的整体生存条件而要求一定规模性时，则必然会冲击各部族内的宗法习惯法。因为不同的宗族习惯法的存在，提高了交换行为中的组织成本，构成了商贸活动的制度障碍。“与各式各样人种、部族的长期贸易交往，使海商民族终于发现，财产交换之间各族所同有的程序，就是货、款、付三要素。……这一发现给部族内部的财产流转法则，投入了最初的公平曙光。而当部族内部的财产交换也表现出一般公平精神时，‘宗法拟制’的解体时代就

① （英）汤因比：《历史研究》，曹未风译，上海人民出版社 1997 年版，第 130 页。

② 陈晓枫：《中国法律文化研究》，河南人民出版社 1993 年版，第 71 页。

将来临了。从财产交换这一种具体制度出发，人们会看到在不同种族的所有传统习俗中，都存在着一般的共通的要素。相对于各式各样的刑罚而言，存在着一般的惩罚，相对于各式各样争讼而言，存在着一般的裁决，相对于各种各样管理方式而言，存在着一般的管理和服从。而这些共同要素正是决定某一个方面准则的关键。它们并没有完整地表现在任何一个部族的习惯里，同时它们又溶解在各部族的传统习惯中。"① 这种从各部族的宗法习惯中抽象一般规则的思维方式，是各部族能够放弃血缘宗法，转而运用法律调整社会关系的关键。它把人们所要求的利益与法律规则的权利义务与一般性的正义观念联系在一起，是西方人理解政治、型构政治体制的最重要的思维前提。

第二，城邦政制为西方人提供了政治角力的试验场，古希腊人的公民意识在城邦生活中得以培育。

公元前 12 世纪，多利安部落入侵希腊本土，在多利安部落的强大压力下，迈锡尼政权倒台。"一种以宫殿为中心的完整的王权类型和社会生活的形式永远消失了"②。后来的希腊社会和文化结构与迈锡尼时期明显不同。以神圣国王为核心的政权形式被较多民主色彩的城邦制度所替代。大多数城邦"都在破除血缘政治的基础上建立了带有'契约'意味的政体"③，贵族政治取代了王权政治。

公元前 7 ~4 世纪的希腊人，散布于希腊大陆、爱琴岛、东部的小亚细亚群岛、西西里海岸、意大利南部、法国以及西班牙的地中海海岸、利比亚、埃及、黑海，这些希腊人居住在数百个"城邦"之中。这些城邦区别于早期东方政治的最大特征在于它们没能形成大一统的国家格局，其本质上全部都是独立的政治实体。虽然曾出现过一个城邦臣服于另一个城邦和城邦之间缔结军事同盟的历史事实，但是

① 陈晓枫：《中国法律文化研究》，河南人民出版社 1993 年版，第 71 页。

② （英）韦恩·莫里森：《法理学：从古希腊到后现代》，李桂林、李清伟、侯健、郑云瑞译，武汉大学出版社 2003 年版，第 31 页。

③ 夏勇：《人权概念——权利的历史哲学》（修订版），中国政法大学出版社 2001 年版，第 79 页。

这并不意味着城邦独立主体资格地位的泯灭。在理论和实践上，城邦习惯于自治，“可以制定自己的法律，选择自己的政策”①，城邦中的希腊人以一种自由公民的面貌选择独立的城邦体制，形成一种城邦崇拜和城邦本位主义②，从而导致出古希腊多元的政治格局。这些希腊城邦对主权问题有着普遍一致性的理解，它们不愿意失去自己的个性，“每个城邦向它的邻邦要求它的自由和自治，要求有权按它自己的意愿处理它自己的事务。……他们要打算统治邻邦，却不打算吞并邻邦，更不愿意在一个较大的联盟内放弃他们的独立。”③ 因此所形成的城邦政治制度也各有差异，从君主制、僭主政治、寡头政治到民主制，为创造发达公共生活、培育公民公共意识以及实行直接民主提供了必要的前提条件。

以当时希腊最大、最强的城邦雅典为例，它的政制是经过不断改革④逐渐形成和确立的。这些由贵族和平民之间斗争而产生的“温和性变革”⑤，旨在创设能够平衡和协调希腊社会中各个阶层（“富人和穷人”）利益的权力组织体系。改革最终形成了以公民大会、议事会、执政官、法庭为权力中心的带有民主色彩的城邦政治制度。在这一政治中，公民身份取代了血缘，成为一个既能超越氏族宗法又能对抗王权专制的法律概念。它是一种根据财产拥有数量确定的法定人格，意味着某种参与城邦政治的权利：“公民是自己的主人”，“轮流地统治与被统治”，而“城邦的一般含义，就是为了要维持自给生活

① （爱尔兰）J. M. 凯利：《西方法律思想简史》，王笑红译，法律出版社2002年版，第3页。

② 丛日云：《西方政治文化传统》，吉林出版集团有限责任公司2007年版，第27~29页。

③ 阿德科克：《希腊城邦的兴起》，转引自顾准：《希腊城邦制度》，中国社会科学出版社1982年版，第5页。

④ 比较著名的有德拉古执政、梭伦改革、克里斯提尼改革和伯里克利时期。

⑤ 这一点经常被用来说明中西奴隶制国家起源的不同途径。参见张中秋：《中西法律文化比较研究》，南京大学出版社1999年版。

而具有足够人数的一个公民集团。"① 调整公民间的利益关系，使他们在城邦生活中过上幸福的公民生活，是城邦的最大正义。这种公民政治一般表现为民主的贵族政治，它通过城邦宪法来组织政治生活，协调各个阶级、团体、种族之间的利益。同时，雅典城邦也不断扩张，而这种扩张并不是基于征服，而是母邦以契约的方式与子邦联合，二者构成了公法上的权利义务关系。另外，大的城邦间还可能建立联盟，联盟条约的法律性质也是以权利义务的说明作为内容的。

由上所述可见，城邦内的公民之间、公民与外邦人之间、国际上的城邦之间的各种利益关系，都以法律上的权利义务进行调整。而法律上权利义务安排取决于特定城邦的内在权力组织结构，即城邦的宪制②。如果"公民"和"宪法"是一种关于制度正义性的理念的话，那么古希腊的这种城邦政治既使得人们被动地接受和理解制度问题，也给予了人们反思和发展问题的素材和契机。它是西方人思考"合法性"问题的重要语境之一。

第三，古希腊的宗教神话以及哲学体系，是孕育西方民主法治精神的观念母体，近代西方的民权思维便是从这些观念母体中汲取养分，形成了独特的有关利益和正义问题的看法。

其中，神话是各个人类文明圈文化发展的源头，对文化的产生具有原型作用。初民们创造的神话，往往会以一种原始的、粗糙的和故事浓缩性的形式蕴涵和体现着特定文化的价值取向、思维方式和审美态度。这些故事与民族生存历史密不可分，譬如说弗洛伊德在《文明及其不满》一书中，就曾使用荷马史诗的神话材料，用以说明西方文明从"原始父亲"的专制向"兄弟同盟"的民主制度的转变历程。"以宙斯为首的奥林匹斯神族组成了一个较有民主倾向的血亲氏族社会，在其间男女神具有平等的权利和义务"，这种神王统治形式具有一种贵族式的民主精神。该统治形式是在以宙斯为首的奥林匹斯

① （古希腊）亚里士多德：《政治学》，吴寿彭译，商务印书馆 1982 年版，第 113 页。

② Constitution 最早的词语中就有"权力结构、组织规则"之义。

神族取代克洛诺斯的提坦神族之后，最终得以确立。宙斯并未像以往的神主那样将对自己统治有威胁的子女们吞入肚中或把他们囚禁起来，而是建立“兄弟同盟”，让诸神进入神殿，共同商议神界和人间的事务，妥协精神取代了独断专行。“宙斯是希腊各神的父亲，但是各神都能根据自己的意志行事；宙斯尊重他们，他们也尊重他；虽然有时候他责骂他们，威胁他们，他们或者帖然服从，或者不平而退，口出怨言；但是决不使事情走到极端，宙斯在大体上也把诸事处理得使众人满意——向这个让步一些，向那个又让步一些。”① 显然，这种神话话语载体实质上是在言说早期西方社会变迁历史：宗族血缘伦理不断地被粉碎，直至一种新的国家伦理与社会正义完全建立。话语为正义观的更新提供了正当性解释。新的统治规则取代了旧有的宗法精神，一种兼顾他人权益、体现契约精神的商议政治获得了正当性。神族所实施的民主共治，正是古希腊商贸文明与城邦政制的一种折射。当古希腊人把它想象成神灵生活中的场景时，这种场景与其中所凝聚的观念也就以“神的正义”面目，构成了评价现实政治、推动城邦民主制发展的一种精神动力。

希腊神话故事中人神同形，人神同格，表达了西方早期文化中的权威意识以及对人自身价值的肯定。像中国文化中的至上神以及神圣权威并不存在，因为他们的神不具有完美性，有着跟普通人一样的容貌、情感和情绪，因此，在故事中，我们往往看到神族系统内部、人世间的英雄，乃至普通人，都可以发出对神圣权威的挑战。一种以自由为中心的主体性意识在希腊神话中被讲述和传达。然而，在人、英雄和诸神的背后，始终存在着不可违背的神谕和命运。如阿克琉斯的脚踵、西绪弗斯的推石以及俄狄浦斯的杀父娶母，这些神话中所记载的故事主题，以话语控制的方式让西方人群意识到，在人类自由意识的背后，潜藏着一种深刻的命运决定论，自由意识成为命运自我实现的手段。不难看出，希腊神话以另一种方式表述着康德法学中的

① （德）黑格尔：《历史哲学》，王造时译，三联书店 1956 年版，第 275 页。

“法律是自由的定在”的关系命题。这种对自由人性和规则定在的认识，成为西方人始终试图在现实的法权体系之中，去思考人性的自由实现和秩序构建的思维源泉。

由于诸神所采取的自然形态及其所具有的人性特征，使得神不能成为一种彼岸性的存在与关怀，希腊神话作为一种低级宗教必然走向消亡。但是，其中所富含的超越性浪漫精神却孕育了西方文化中的宗教意识。特别是后来基督教的出现与传播，使得这种指向彼岸、指向未来、指向永恒和完满的宗教意识成为推动西方历史发展的重要精神动力，也是民主意识、人权意识、宪法意识的重要历史来源。

希腊哲学是从希腊神话中开创出来的。被誉为“哲学之父”的泰勒斯就是从希腊神话关于世界产生的描述中发展出来哲学史上的第一个命题(“水是万物的本原”）的。希腊哲学家们开始用一些抽象的客观范畴来取代希腊神话中感性直观的神灵，并以这些范畴来说明万物的产生和存在。在这一漫长而艰苦的改造过程中，逐渐形成两种流派：一是从米利都学派到德谟克拉特的唯物主义，以“水”、“火”、“种子”、“原子”等作为世界的本原；一是受奥尔弗斯教影响的希腊唯心主义哲学，以毕达哥拉斯、巴门尼德、柏拉图为代表，认为“数”、“理念”是先于具体世界的抽象存在，而世界是他们的结果。最后，希腊哲学中的各种思路都被亚里士多德纳入自己的哲学体系之中，他本人也成为希腊哲学的集大成者。希腊哲学逐渐发展出来一种与逻各斯、语言和表述紧密相关的存在论①，它既培育了西方人借助语言规范、逻各斯获得抽象范畴，以超越经验性世界的主体性精神，又在对逻辑系词和表述语言的完善中发展了西方人的逻辑思维能力。人们为了解释和超越日常经验事物（非存在），创造出抽象范畴（存

---

① ontology 在中国哲学中常被译为“本体论”，这种译法源于日本。20 世纪 30 年代后，日本学者逐渐放弃“本体论”转而采用“存在论”。中国哲学界在 20 世纪 90 年代起也开始质疑此译法。有学者提出“存在论”、“存有论”、“是论”等译名。参见宋继杰主编：《BEING 与西方哲学传统》，河北大学出版社 2002 年版。

在）并在逻辑系词（being）和语言的使用中获得独立的、确定的普遍性，这种存在论为西方人的精神世界里注入了“一种人为的能动创造的自由主义和人本主义”①。

在这些哲学家的著述中，城邦政治的“正义”、“善”，人世秩序中的“美德”，已经成为他们的思考对象，而且是带有终极性思考的范畴。思想家自觉地思考这些范畴在永恒、至上、绝对意义上的内涵，并用之认识和理解实际存在的世界，具有很强的理性启蒙精神。通过抽象性的逻辑体系表达、反思与完善现象世界，这种理性精神对培育西方权利文化、法治文明具有极为重要的作用。如亚里士多德在《伦理学》中区别了自然正义和法律正义（也就传统正义或习惯正义），他认为：“政治的公正，或者是自然的、或者是传统的。自然的公正对全体公民都有同一的效力，不管人们承认还是不承认。而传统的公正在开始时，是既可以这样也可以那样，然而一旦制订下来，就只能这样了。”② 自然正义的效力是普遍的，属于宇宙中的自然秩序，而表现在具体权利义务中的法律正义是自然正义在个别案件中的

① 邓晓芒：《中西文化视域中真善美的哲思》，黑龙江人民出版社 2004 年版，第 73 页。在《论中西本体论的差异》一文中，他认为中国哲学的“本体”始终是一个经验性的隐喻：最高范畴（道、理、太极等）虽不是经验性事物，但仍需以中国传统“能近取譬”的类比法来比附于经验事物才能获得理解。其重要原因在于中国哲学忽视对语言规范、逻辑的发展。他还指出，古代汉语语法没有固定系词这一现象并非偶然，而是表现古代中国人对个人独立生存和意义追求的动力之不足，不愿意或没有力量将主词和谓词作固定的联接，即使联接起来也保持不住，总是被外力打破。语言及其“是”在中国并没有自己独立的地位，而是政治权力的工具，体现的是“话语霸权”。最终他归纳了中西本体论的两点根本差异：一是在对语言的态度上，一方忽视语言而诉诸内心体验（中国），另一方以语言作为建立和探讨本体论的主要线索（西方）；二是对人的理解上，中国将人理解为凭自身内心的“诚”即可放大为宇宙本体的天人合一体，而西方则将人理解为须靠自己的能动作用与外物和他人达成一致才能实现自我的自由意志主体。此文参见该书第 66 ~ 85 页。

② （古希腊）亚里士多德：《尼各马科伦理学》，苗力田译，中国社会科学出版社 1999 年版，第 102 页。

体现。这种终极意义上的正义思考，“正是西方文化中正义观念以及后来的自然法、自然权利观念的特异之处”。①

对自然正义的追寻，也迫使希腊哲学家创造并解释“自然理性”的概念。在希腊哲学的存在论中，“人是万物的尺度”②。这种认识论强调了人的主体地位：人可以通过自己的自由意志获得自然理性，进而把握宇宙中的客观法则，实现自然正义。自然理性观使得希腊哲学家在哲理层面完善了逻辑学，这对后来的法律思维影响深远；同时，其中所包含的对人认识主体地位的理解、意志自由以及人的理性等观念精神，随着启蒙时代的到来，被注入近世权利概念之中，影响了社会契约论的构建以及民权在民的宪政体制。

另外，在伯罗奔尼撒战争结束后，雅典还出现了一批被称为“智者”或“诡辩派”（sophistes）的人，他们抛弃外在的客观价值标准，宣扬一种以人为万物尺度的相对主义和怀疑论，关注个人的生活和完善。他们关于人类本性的观点引致了国家起源和法律的契约描述，认为“正义的本质就是最好的与最坏的折中”。智者们的思想在希腊早期虽是昙花一现，但是在希腊化时期和罗马时代，它们却成为主流哲学思想，深刻地影响了当时的伊壁鸠鲁主义和斯多葛派，并由他们将契约法的观念传承下去。而这种原子式的个人主义以及原始契约论的观点，为近代西方人开创社会契约论、张扬个人主义的权利言说，提供了思想前见。

第四，地中海和群岛构筑了西方文化发生的场所，长期的生活生产方式深刻地影响了希腊人的思维；为了文明的发展，他们创造了城邦和城邦制度，而在一种历史传习下来的审视反思的惯习作用下，思想家们开始对个人幸福、社会生活、城邦与城邦政制的关系、政制中的权力运作体系的特征、方式以及最佳设计方案等问题产生兴趣。个

① 夏勇：《人权概念——权利的历史哲学》（修订版），中国政法大学出版社2001年版，第94页。

② 普罗塔哥拉语：“人是万物的尺度，是存在事物存在的尺度，也是不存在事物不存在的尺度。”

人权益、共同体生活以及国家法律体系成为政治研究的思想史主题，并笼统于更为抽象的“善”、“正义”等范畴的讨论之中，从而建立起观念与理论上的勾连。

在认识论上，思想家们大多采取经验论的研究方法，观察自己生活其中的城邦，分析和总结城邦机构权力运作的特征与规律，建构一个理性化的理论体系，并希望能够找到超越城邦的达到“至善”的制度设计。其中，古希腊著名政治学家亚里士多德最早使用“宪法”一词，描述、分析和构建了古希腊语境中的以城邦公民、中庸政体以及民主法治为核心表达的政治正义论。

亚里士多德是一个典型的经验主义学者。他运用“类似生物研究的技术”来组织分析材料，从事物和世界实际存在的方式推理出它们的本质。在他的视野里，事物的实然性与应然性没有进行区分的，始终在一个框架里被论述。他观察得出结论，自然界的万物都要达到特定的目的或者完成特定的功能。他将之归纳为“事物的善”，认为“每一行为所达到的目的都是善，善存在于每一个具体情形中，一般来说，最高的善存在于自然之中”。事物应当依据自然去完成它的“善”，这样才算是达到它存在的目的，它才能被真正称为是该事物。人也是如此。人的本性，特别是他趋向于组成秩序社会、过政治生活的本性，使得人类必然发展和创造出城邦、法律、制度、技术等一系列文明，在这种文明发展过程中，人逐渐成为真正意义上的人。“人自身有感知善恶、对错和其他道德品质的能力，就是以这些道德品质为根基建立起来的联合形成了家庭与城邦。”①

政治哲学以这种人性观作为逻辑起点，解释了城邦等实际存在的秩序生活的形成和它们的功能。“数个村落的联合组成了城邦；实际上，城邦最终达到了自足的极限，因而，尽管它基于生存目的而产生，善好生活却成为它存在之意旨。正如最初的联合都是自然产生的，所有的城邦也是如此；……从一切可以看出，城邦是自然成长的

① （爱尔兰）J. M. 凯利：《西方法律思想简史》，王笑红译，法律出版社 2002 年版，第 18 页。

产物，人因其本性而成为趋于建立城邦的造物。"① 城邦的目的也在于追求它的"善"，它是美好生活的完美框架，它可以在人类的努力下臻于完善。从亚里士多德的描述中，我们可以看到，城邦的政治权力来源于人性生长，其目的在于使人在城邦生活中过上善好生活，满足人作为政治性动物的需要。这种理论论说中虽未产生强调个人尊严、个人理性的近代权利概念，但人与政治的关系认识却与近代西方自然权利观是一脉相承的。

人趋向于过城邦的生活，并在其中实现城邦的正义。这种带有集团本位色彩的正义观，显示出亚里士多德对柏拉图关于个人与社会关系上的整体主义认识立场的继承，即"把城邦理解为有机整体，而个人（公民）只是其有机组成部分"②，"任何公民都应为城邦所公有"，"成为城邦的一部分"③。但是，他也表达了对老师过分追求城邦统一的批判，"城邦的本质就是许多分子的集合"，"一个尽量趋向整体化的城邦最后一定不成其为一个城邦"④，完全划一则会消弭城邦的个性，反而导致城邦本质的消亡和理想国的破灭。"这种对个人以及个体利益、权利和价值的一定限度的承认，冲淡和稀释了整体主义，是近代个人主义的最初源头。"⑤

"人——城邦——正义"的思维框架，使得亚里士多德的研究重点主要放在对共同体正义实现方式上，即对城邦政制法律的研究。在他看来，建立正义的宪法与法律体系，才是实现城邦最高目的善的根

① （爱尔兰）J. M. 凯利：《西方法律思想简史》，王笑红译，法律出版社2002年版，第19页。

② 丛日云：《西方政治文化传统》，吉林出版集团有限责任公司2007年版，第101页。

③ （古希腊）亚里士多德：《政治学》，吴寿彭译，商务印书馆1982年版，第407页。

④ （古希腊）亚里士多德：《政治学》，吴寿彭译，商务印书馆1982年版，第56页。

⑤ 丛日云：《西方政治文化传统》，吉林出版集团有限责任公司2007年版，第101页。

本途径。民主和法治主义构成其正义观的主要内涵。

在分析完希腊158个城邦国家的法律之后，亚里士多德在《各国宪法》中根据法律的作用和性质，认为城邦的法律分为两类：一类为普通法律，另一类为宪法，即规定国家机关的组织与权限的法律。“宪法是国家各种机关的体制，用以决定统治团体的构成和国家的目的。”它是“城邦一切政治组织的依据，其中尤其着重于政治所由以决定的‘最高治权’的组织”。亚里士多德所谓之“宪法”，虽然同今天我们所说的宪法一样，都涉及国家根本组织，但在当时而言，却不是体现为一系列的法律规范，而是指实际的政权结构。在当时古希腊所谓之宪法，基本上不是或不表现为法律的规范，而是指实际的政权组织，内容主要涉及公民和城邦之间的相互关系，以及由此而形成的全部的政治生活。亚氏的宪法“仅等同于政治秩序或政治结构，包括其组成的各个部分。甚至一种极权的独裁制度也有‘宪法’，即独裁者的职位，以及当时他认为满意的机构，诸如政治局、主席团、地方分权（封建制度）等一类的东西。”① 它并不具有完全的现代含义，只是类似于现在所谓的“政体”的概念。

他按照城邦治权的最高执行者人数及其施政宗旨的标准，将政体进行了理论区分和范型归纳，并试图找到政体正义的模本。首先，他认为政体是“一个城邦的职能组织，由以确定最高统治机构和政权的安排，也由以订立城邦及其全体各分子所企求的目的”②；其次，他具体分析了政体的各种形式。在他看来，政体可以分为两类六种：一类是“正宗政体”，另一类是形态上与之对应的“变态政体”。两者的区别在于正宗政体以全体公民的共同利益为依归，变态政体则只维护部分公民的利益。正宗政体和变态政体各包含三种基本形式：君主制、贵族制和共和制属于正宗政体；僭主制、寡头制和平民政体属

① （美）卡尔·J. 弗里德里希：《超验正义：宪政的宗教之维》，周勇、王丽芝译，三联书店1997年版，第4页。

② （古希腊）亚里士多德：《政治学》，吴寿彭译，商务印书馆1982年版，第178页。

于变态政体；每一类的三种基本形式之间都有对应关系和运动规律。再次，他还讨论了每种政体的特性和存在基础。如寡头政体崇尚财富，平民政体追求自由。他指出，随着经济结构和党派力量等要素的变化，政体形式也会随之变化。譬如强调自由身份平等的平民派，以及主张精英凌驾于普通人之上的寡头派，由于二者对自由和平等的理解存在着冲突，他们在政府中的地位如若产生变化，就会爆发革命，导致政治不稳定和政治更迭。

由于城邦必然是因为一定的目的和“善”而存在的，所以亚氏在他的著作中提供了一种理想政治秩序的设计。宪法不仅是城邦政治组织现实存在的状态，也是制度发展得更完善的结果。他用“politeia”表示这种模范式样的政治秩序，认为它是三种好的政府形式的混合。这个术语的使用来自于柏拉图。柏拉图认为真正的法律既不是“只有其立法目的是为了整个国家全体人民福利的法律”，也不是“为了一部分人的利益而制定”的“党派主义”法律，它们都不是politeia。亚里士多德发展了这种观念，将政体的复合性和中庸性作为“宪法”是否完善的一个标准。“凡能包含较多要素的总是较完善的政体，所以那些混合多重的思想应该是比较切合于事理”①，这个倾向于共和制的混合政体标准，以及其中所隐含的权力制衡观念，被后世的启蒙学者所继承，成为现代民主宪政论的重要特征。

混合政体所实现的正义原则，实质上是两种正义观发生中庸后的结果。平民派主张的平均正义，寡头派主张的分配正义，在亚里士多德看来都有失偏颇。“真正的正义是在一些方面以数量平等，而在另一方面以比值平等为原则。既考虑到平民的自由身份，又照顾到财富、能力、品德等因素。”② 由此他认为，自由平等的城邦公民，应当实行“轮番为治”，方才符合真正的正义：大家既是统治者，又是

---

① （古希腊）亚里士多德：《政治学》，吴寿彭译，商务印书馆 1982 年版，第 67 页。

② 丛日云：《西方政治文化传统》，吉林出版集团有限责任公司 2007 年版，第 101 页。

被统治者，而每个公民在自治国家中的地位则是以其才德为依据。统治的合法性建基于对自由公民的人性分析及其正义理论之上。

另外，这种民主自治的城邦政体，在实现机制上被论证成为法治原则。体现多数人智慧的法律，往往比少数人或一个人更高明，而且利益多元化所带来的制衡也使得多数人不易产生腐败。亚里士多德认为法律是没有感情和偏私的智慧，是“神祇和理智的体现”①；对于公民自由而言，“法律不应该被看做奴役，法律毋宁是拯救。”② 法律的统治是神和理智的统治，而个人的统治则意味着兽性对政治的混入。在普通法律与政体宪法之间，亚里士多德也阐明了一种法律体系上的正义原则。他认为普通法律应以宪法为依据。“法律实际是、也应该是根据政体（宪法）来制定的，当然不能叫政体来适应法律。”③ “法律必然是根据政体（宪法）制定的。”④ 有什么样的政治结构，就决定了有什么样的统治法律和相应的公民生活。这种强调法治优越于人治的论点，在亚氏的著作中反复出现，并随着其著述在西方世界的传播与经典化，成为近代思想家构化政治图式、解读合法性问题的重要理论先前理解。

二、古罗马法中的契约论与权威意识

通常人们认为罗马文化承袭着希腊文明，将西方文化归纳为希腊——罗马文化的范畴之内，这充分说明了罗马制度与希腊文明在很多地方有相似之处，譬如以契约伦理取代宗法血缘伦理，对贵族民主政治的推崇。与希腊人的孩童天真心态不同，罗马人本质上是物质

---

① （古希腊）亚里士多德：《政治学》，吴寿彭译，商务印书馆 1982 年版，第 169 页。

② （古希腊）亚里士多德：《政治学》，吴寿彭译，商务印书馆 1982 年版，第 276 页。

③ （古希腊）亚里士多德：《政治学》，吴寿彭译，商务印书馆 1982 年版，第 20 页。

④ （古希腊）亚里士多德：《政治学》，吴寿彭译，商务印书馆 1982 年版，第 148 页。

的，不太重视精神上的想象与欢娱。但是，他们却发展了理性，健全了现实国家和法律的种种技术。波利比阿就曾高度赞美罗马人建立起来的由公民大会、元老院和行政长官组成的互相制约和平衡的混合政体形式。而罗马人在国家法律技艺上的突出优势，是罗马发展成为一个世界性帝国的重要条件之一。

从罗马部族的发展历史来看，其血缘氏族崩裂得较早并且彻底，在此基础上发展出来一个建立在法治基础的、具有团体本位色彩的罗马王国。在罗马王国的发展过程中，国家的法律逐渐取代家庭的法律，而成为支配个人行为的准则。“在每一个发展过程中必有大量的个人权利和大量的财产从家庭审判庭中移转到公共法庭的管理权之内。政府法规逐渐在私人事件中取得了同在国家事务中所有的同样的效力。”①

与其他民族的早期经验一样，宗法色彩对罗马法律的影响也是存在的，如《十二表法》中就承认家父对于家子拥有的生杀予夺的权威；又如罗马私法规定，父亲是自权人，妻、子是他权人。他们在私法上的权能范围是不一致的。但是，在罗马人世界里，家长权的权威并不是无限制的，它必须受到法律体系和法律规定的限制。如《十二表法》第四表第三条规定：“家长如三次出卖其子的，该子即脱离家长权而获得解放。”罗马人用国家法律的形式限制了家父权的行使，在某些领域中用国家伦理取代血缘伦理以保证罗马公民对王国的忠诚。又如，罗马法格言有云：“家父权不触及公法”。在涉及国家事务或社会公共事务的领域，家子可以获得其他身份，享受与父亲同样的公民权和自由。如父子可以同上战场打仗，也可以一起参与选举成为公职人员。在这些公务领域中，父子之间只存在因公法上的身份而产生的权利义务关系：儿子可以以官吏的身份，对父亲进行审判，惩罚其父的违法行为；儿子成为将军后也能指挥自己的父亲。另外，儿子通过服役、公职酬劳等方式取得的财产，也可以成为“军役特有产”或“准军役特有产”归子所有，而不受家父权的干预和支配。

---

① （英）梅因：《古代法》，沈景一译，商务印书馆1996年版，第95页。

到了查士丁尼时代，儿子对于自己独自取得的财产已经有了差不多是完全的所有权。梅因曾归纳过帝政时期的家父特权衰落的各种表现："家内惩罚的无限制的权利已变成为把家庭犯罪移归民事高级官吏审判的权利；主宰婚姻的特权已下降为一种有条件的否定权；出卖的自由已在实际上被废止，至于收养在查士丁尼的改良制度中几乎全部丧失了它在古代的重要性，如果没有子女的同意，移转给养父母就不能生效。总之，我们已十分接近最后流行于现代世界的各种观念的边缘。"①

由上所述可以发现，罗马人创制的法律体系能够积极地导致新的国家伦理的成长。家父权在既有的法律秩序下逐渐被削弱，其直接结果就是私人利益可以获得独立的识别，并受到国家法律的尊重和强制力保护。

首先，罗马人在斯多葛哲学的影响下，发展出主张个人平等和自由的自然法观点。这种自然法观点直接导致罗马法产生"万民法"的概念和原则，并对市民法的原则也产生重大影响，从而"形成了比较成熟的人类共同权利概念"②。

当罗马以军事力量征服希腊之后，希腊文化也不断地在智识领域进行着反征服。其中对罗马的法律人产生最重要影响的是斯多葛哲学。当然，这一哲学的产生也与罗马帝国不断扩张的殖民历史有关。跨国经济交往的日益增多，殖民人口以及外邦居民的加入，都使得罗马国家中后期的社会关系变得越来越复杂。在这一背景下，罗马市民法显示出其适用性上的弱点，法律规则体系需要改变，而必须得有新的哲学对这种改变提供理念上的支持。斯多葛学派应运而生。

斯多葛学派由希腊后期智者芝诺创立，宣扬自然中的一切事物都可以用理性来解释，人类应当发展理性以获得与自然理性相契合

① （英）梅因：《古代法》，沈景一译，商务印书馆1996年版，第79页。

② 夏勇：《人权概念——权利的历史哲学》（修订版），中国政法大学出版社2001年版，第83页。

的生活智慧。这种关于个人心智的哲学在淳朴、简单的罗马人那里找到了最为适宜的心灵土壤从而获得发展，“几乎所有的其职业生涯始于西庇阿派时代的罗马法学家都接受了斯多葛哲学的理论”①。西塞罗等罗马法学家把它发展成为一种自然法理论，认为“自然定律是最高的理性，它命令所应为，禁止所不应为。”② 这种自然法“与神的智慧同在”，是神的理性的体现，应当成为衡量正义和不正义的尺度；而“真正的法是与自然契合的正确理性，投映在一切人身上”③，人类可以通过自身理性获得这种指引人们行为的知识，制定出与自然理性相符合的国家法律。自然法精神给了人类一个审视现实法律的评判标准，它既为新的法律理论的形成提供了思路，而且它所包含的万民平等、皆有理性的认识原则也成为法律改革的指导准则。

改革的方向有二：其一是罗马统治者通过设立外事裁判官，逐渐发展出一套“万民法”体系，用以规范罗马外邦人之间以及外邦人与罗马人之间的权利义务关系。其二，不断地扩大市民法的适用范围。越来越多的人被授予罗马公民资格，市民法也由一种属人性质的特权法演变成为普适性的法律。如安东尼努斯敕令，就使得领土的帝国与人的帝国获得了统一，市民法成为一个庞大帝国的法。④ 斯多葛学派所宣扬的平等原则，在法律改革的步骤中得到进一步贯彻，从而形成了更为普适性的权利概念。“在斯多葛派的影响下，一种把‘ius gentium’（国际法）与‘ius naturale’（自然法）联系起来的倾向，开创了按照人类理性可以发现的关于正义的普遍原则来评价或形成实

---

① （爱尔兰）J. M. 凯利：《西方法律思想简史》，王笑红译，法律出版社 2002 年版，第 46 页。

② 转引自（爱尔兰）J. M. 凯利：《西方法律思想简史》，王笑红译，法律出版社 2002 年版，第 56 页。

③ （古罗马）西塞罗：《论法律》，王焕生译，中国政法大学出版社 1997 年版，第 189 页。

④ 参见徐国栋：《罗马私法要论——文本与分析》，科学出版社 2007 年版，第 36 ~ 38 页。

证法的可能性。这就为以后的自然权利概念铺平了道路。”①

其次，罗马法学家阶层发展出来独特的关于公法、私法的分类方式，并以此为基础，构建出庞大复杂的罗马法体系，使之具备了容纳后世许多进步概念的理论骨架。

作为专门的法律家职业阶层，“此种职业不曾存在于希腊，事实上，直到中世纪早期研习普通法的法律人出现以前，它都是罗马仅有的特征”。② 伯尔曼曾经重点谈到过西方法律传统中的法律职业化特征，认为“在西方法律传统中，法律的施行被委托给一群特别的人们，他们或多或少在专职的职业基础上从事法律活动”，他们在独立的机构中接受专门的培训，研究法律学问，“培训法律专家的法律学术机构与法律制度有着复杂的和辩证的关系”③。罗马的法学家一方面以专业化的知识描述现实的法律制度，另一方面法律制度通过学术性的研究与阐述，变得概念化和系统化并由此得到改造。法律作为一门学科得以诞生，而这种由法学家创造出来的“法学”知识也以一种超然法的姿态对现实法律制度进行分析和评价。

公法、私法的分类，最早出自于罗马法学家乌尔比安。有关罗马国家的法为“公法”，它涉及国家利益；而有关罗马人的法为“私法”，它涉及个人利益。在罗马人看来，罗马法就是界定公共事务领域与私人事务领域、平衡国家利益和私人利益的一门法律技艺。有西方学者指出，正是“因为公法与私法的截然两分，使得后者能够不受罗马国家所蒙受之宪政上动荡的影响而继续其独立的发展。”④ 在这一层面上，个人利益以及世俗的市民生活具有法律上的独立正当

① 陈弘毅：《法治、启蒙与现代法的精神》，中国政法大学出版社 1998 年版，第 132 页。

② （爱尔兰）J. M. 凯利：《西方法律思想简史》，王笑红译，法律出版社 2002 年版，第 47 页。

③ （美）哈罗德·J. 伯尔曼：《法律与革命：西方法律传统的形成》，贺卫方等译，中国大百科全书出版社 1993 年版，第 9 页。

④ Geoffrey Sawer："The Western Conception of Law", in International Encyclopaedia of Comparative Law. Vol. Ⅱ. The Legal Systems of the World. p. 18.

性，它可以从希腊人所认为的神圣政治生活中分离出来，受到特定法律（私法）的保护。强调个人权利对于国家政治的先在性与独立性，成为构筑西方宪法文化中的“国家——社会”的二元结构特征的重要基石。

在这种二元化的分类中，隐藏着罗马人对法治普适性原则的极端重视。“罗马私法体系的范围与稳步扩张，包含一种对于西方法极重要的假定；原则上，没有任何社会活动的领域不受到法律影响，而使社会活动服从于法律规定，无论基于道德的、宗教的，还是政治或经济理论的原因或一般方便的考虑，都没有什么可耻的，或是有害的。”① 这种法治原则也表达在罗马人关于权威来源的理解认识当中。比如罗马法（查士丁尼的《民法大全》第 1. 14. 4 条）就规定了皇帝必须宣布自己接受法律约束，因为他自身权威来源于法律的权威。②

法律权威高于任何人治权威，这种权威观点体现出斯多葛学派契约论对罗马法的重要影响作用。统治者的权威和权力来自于原子化个人在订立社会契约时的法律委托，“公元三世纪，著名法学家乌尔比安根据西塞罗关于统治者的权威来自‘人民’的思想，提出皇权至上的主张，他认为‘皇帝的意志，都具有法律的效力，因为用 Lex regia 的转让，人民已经把自己权力与权威，赋予了皇帝，并都委托给皇帝了。’”③《法学阶梯》中有明文规定：“但元首所决定之事也有法律的效力，因为人民已以颁布的关于谕令权的王法（Lex regia）把自己的一切谕令权和权力授予给他个人。”Lex regia 就是关于产生统治权的王法，类似于日后理论学说中的制宪权。根据徐国栋的研究，这种社会契约论意识不仅体现在罗马法的具体制度中，而且伴随着法律制度的运行，已然成为罗马君主的一种共识，“罗马君主认为

① Geoffrey Sawer：“The Western Conception of Law”, in International Encyclopaedia of Comparative Law. Vol. Ⅱ. The Legal Systems of the World. p. 19.

② （英国）戴维·米勒，韦农·波格丹诺主编：《布莱克维尔政治学百科全书》，邓正来译，中国政法大学出版社 2002 年版，“罗马法”条，第 667 页。

③ 周枏、吴文翰、谢邦宇：《罗马法》，群众出版社 1983 年版，第 13 页。

自己的权力来源于法律之授权”，狄奥多西皇帝甚至明确说过，“如果君主自己承受法律的拘束，这是与一个统治者的尊严相称的说法；因为甚至我们的权威都以法律的权威为依据。事实上，权力服从法律的支配，乃是政治管理上最重要的事情。”王权民授、王在法下，作为“重要、影响深远的法哲学预设”，它“是社会契约论式的，不同于中国的君权神授论”①。

“罗马法尤其是罗马‘契约法’以各种思维方式、推理方法和一种专门术语贡献给各种各样的科学，这确是最令人惊奇的事。在曾经促进现代人的智力欲的各种主题中，除了‘物理学’外，没有一门科学没有经过罗马法律学滤过的。纯粹的‘形而上学’诚然是来自希腊而不是来自罗马的，但是‘政治学’、‘道德哲学’甚至‘神学’不但在罗马法中找到了表意的工具，并且以罗马法为其最深奥的研究养育成长的卵巢。”② 它确立了一系列体现个人平等和自由的法律原则，并把“私人权利”作为法律体系精神的核心。这一特征使得古罗马公法观念与近代宪政精神发生渊源上的联系。正如有论者所指出的，古罗马公法上的权利正是西方权利法案的内容雏形。罗马人虽然没有一个“正式”的个人权利法案，但他们有一套基本上保护“公民”不受政府官员和其他公民个人滥用特权之侵害的法律制度。③ 在这一制度下，公民权利得以获得现实性的确认、培育和发展。而罗马法上的这些影响，自12世纪以来以复兴运动的方式发挥作用，深刻地形塑了西方近代主权理论和宪法文化的产生。

---

① 徐国栋：《共和晚期希腊哲学对罗马法之技术和内容的影响》，载《中国社会科学》2003年第5期。

② （英）梅因：《古代法》，沈景一译，商务印书馆1996年版，第191～192页。

③ 参见Joseph Plescia，The Bill of Rights and Roman Law：A Comparative Study。转引自夏勇：《人权概念——权利的历史哲学》（修订版），中国政法大学出版社2001年版，第85页。

三、中世纪的宗教意识与法律主治

中世纪时期是指从西罗马帝国结束到以文艺复兴、地理大发现和宗教改革为标志的近代欧洲民族国家兴起的一个历史阶段。在漫长的1000年的中世纪，基督教作为一种文化形态对西方历史起了难以估量的作用，而且这种作用并没有因为近代的一系列文化改革运动而结束，而是继续作为一种潜在的力量深深地渗入到社会政治生活和经济生活中去，影响着近代和现代西方社会的发展。因此，基督教的宣扬与广泛接受是中世纪最重要的历史背景。

罗素认为，基督教的来源有3个：它的圣教历史和道德观念来自犹太教，它的神学或哲学观念来自于希腊，它的教会法和政府观念间接地来自于罗马。① 对政治观念和国家基本法知识体系的影响主要是后两者的作用。第一，作为一种彼岸性的高级宗教，基督教仍然带有强烈的超越现实生活的愿望，这种超越精神是法学内部不断进行自我更新的动力源泉；第二，传习希腊哲学的基督教仍然肯定了以终极性范畴审视现实存在的思考方式，而这种思维定势一直延续至法学体系的构造中去；第三，“原罪”意识始终把幽暗意识②带入到西方人对人性的理解中，这也成为后来人们思考以权力制约的方式克服人性的恶性的基础，而后者成为西方宪法基本原则之一；第四，圣约观念③赋予西方文化中“约”的神圣效力，敦促教徒必须重视己身与上帝之间的立约，而这种立约的约束力可以超越人与人之间的契约效力。

---

① （英）罗素：《西方哲学史》上卷，何兆武译，商务印书馆2003年版，第19页。

② 张灏：《幽暗意识与民主传统》，联经出版事业公司1989年版，第3～33页。张灏探讨了幽暗意识与西方文化传统，特别是政治传统的关系。于光明处看到黑暗，从完美大能者看到人性的残缺与罪恶。这种源于西方宗教意识中的幽暗意识，使得西方人保持着对人性以及一切人造物的警惕，这里的人不仅包括个人，也包括后来被推崇的群众、人民。

③ 参见王怡：《宪政主义：观念与制度的转换》，山东人民出版社2006年版，第143～150页。

圣约观念经新教改革，特别是诺克斯在苏格兰的政教改革①，使得圣约观念注入政治理论，演变成霍布斯、洛克头脑中的强调有限政府论的宪约观念，并最终在英美国家的宪政实践中得到贯彻②；最主要的是，基督教赋予了某些范畴（如个人权利、自由等）和原则（如思想言论自由原则）以信仰的力量，在这种信仰的作用之下，后世法学家以这些范畴和原则构筑的宪法体系才能得以真正运作实现。

随着基督教的传播与教会力量的强大，教会开始致力于完美的“上帝之城”降临于人间的任务。这种扩张导致了西方世界中神俗关系的紧张。一方面，教皇和牧师们追求宗教领域对国家领域的超然地位，教会也不断地把世俗事务纳入到神职事务中，以谋求管理和控制，达致他们特定的利益目的。另一方面，欧洲君主们也认识到控制手中权力的必要性，从而与教会开始了漫长的权力博弈活动。由于双方的力量都没有强大到足以控制对方的程度，所以通常是以一种妥协的书面文件来确定各自的管辖事务和管辖权范围。这种文件被认定为是“宪法”的雏形，它以协调教会和世俗国家管辖权力冲突为己任。如1162年的《克拉伦敦宪法》就是基督教的西部派同以英王为代表的王室利益发生矛盾的过程中产生的，主要内容就是限制教会法庭的权限，体现教会与世俗政权之间的妥协。

教会和世俗国家在规定的各自领域里发展自己的法律体系，创建稳定的秩序。当然，在这种权力博弈格局中，贵族、封建领主和城市居民成为打破权力平衡的重要力量。这些个人或集团主体，也因为教会和世俗国家双方的笼络，而在中世纪的法律体系中都保留着主张利

① 参见（美）道格拉斯·F. 凯利博士：《自由的崛起：16—18世纪，加尔文主义和五个政府的形成》，王怡、李玉臻译，江西人民出版社2008年版，第49~67页。

② 参见王怡：《宪政主义：观念与制度的转换》，山东人民出版社2006年版，第151~153页。王怡认为基督教圣约观有两个核心特征对英美的宪法概念和宪政主义的发展产生深刻影响，使英美宪法与那些仅仅受到创世纪的社会契约论影响的宪法（如法国与前苏联的宪法）有根本区别。这两个特征是：1. 被动领受的契约观。2. 自我限制的自由观。

益和权利法制化的空间。

教会对西方社会历史的影响十分深远。最主要的一点是，它形成了西方法律渊源的多元性，使得法律的最高权威成为可能。在这种法律主治的理念支配下，近代西方国家逐渐发展“政治活动和国家权力运作必须在法律轨道中进行”的宪政观念。伯尔曼认为，“根源于基督教教会政治体与世俗政治体的区分”造就了西方法律传统最突出的特征，即“在同一社会内部各种司法管辖权和各种法律体系的共存与竞争。正是这种司法管辖权和法律体系的多元性使法律的最高权威性成为必要和变得可能。”① “法律权威高于个人权威表明政府权力的有限性以及政治权威受法律的支配，从而对这一理论的系统化确立了国家权力与公民权利相互关系的基本原则”②，并在此基础上深刻地塑造了近代西方国家的公法精神。

另外，教会削弱了个人与家庭的联系，特别是个人对家庭的心理上的依赖；这也促进了前工业社会的个人原子化，使个人先摆脱家庭，继而最终摆脱教会之类的权威而获得独立与自由。③ 这些都为近代宪法话语的形成创造了条件。

在中世纪时代，欧洲大陆不仅有教权和王权的二元制对立，而且在王权之下，又有封建庄园、城市公社、大学、商人行会等多元的社会结构存在，存在着多元的权威。在文明世界中，任何一种权威都无法居于至高无上的地位，达到足以压倒其他权力从而垄断一切的程度。这就迫使人们必须创造出能够容纳如此多对峙权威的制度和秩序，使各种对立力量的相互交替制度化，在制度运行中逐步消解各种对峙现象所能带来的破坏力量。于是为了生存，人们在传习下来的希腊——罗马文化资源中发现法治观念和契约精神，并以此作为创造新

① （美）哈罗德·J. 伯尔曼：《法律与革命：西方法律传统的形成》，贺卫方等译，中国大百科全书出版社 1993 年版，第 11 页。

② 朱福惠：《宪法与制度创新》，法律出版社 2000 年版，第 22 页。

③ 参见（美）汤普逊：《中世纪经济社会史》，耿淡如译，商务印书馆 1997 年版，第 288 ~291 页。

秩序的契机。各种主体相互之间通过订立契约和相互妥协形成一种“互惠关系”，展开“对话”，以实现对峙下的和谐和自身利益。而在国家政治关系中，人们开始提出了宪政主义的主张，制定了各种宪法，以宪法来为国家权力的行使设定目的，加以限制，将自由作为国家存在和人们服从法律的理由，使得自由主义成为宪政主义的思想支柱和个人权利的核心内容。

总之，中世纪语境中，西方文明的基本形式已经稳固确立。“自是以后，‘政府在法律架构内施行统治，并接受社会的道德指导’，此一理想遂一直对西方人民产生重要影响。”① 基督教的二元观与古典法治思想的结合，使得中古时代虽然长时期处于因教会与国家的对立而造成的不稳定状态中，但战争动乱也锤炼出后世宪政思想的种子。受到超越性秩序目标的鼓舞，西方人终于在剑与火中，创造了“独具动能可适应不断变迁之需要的政府形式”②。

四、近代资本主义与“主权在民”理论

通常人们认为真正意义上的近代主权学说和人权概念与西方资本主义经济方式以及资产阶级革命有着密切关系。经济生产方式的巨大变革，导致利益格局的变化，新的利益主张演化成权利要求，并推动近代西方国家内部的政治博弈与法律变革。生产力的解放过程也伴随着文化观念上的更新。在文艺复兴、宗教改革和罗马法复兴的思想运动过程中，说明和解释当时种种社会现象的近代政治思想体系也逐渐成熟。其中以强调人的尊严和自由的自然权利说，推衍出新的国家统治理念，即以社会契约、宪法政治为理想摹本的国家主权学说。自然权利观和宪法学说的传播与发展，为新的国家类型的诞生奠定了思想基础。为了从根本上解决生产方式与国家组织体系之间的矛盾，欧洲

① （美）弗雷德里克·沃特金斯：《西方政治传统：近代自由主义之发展》，李丰斌译，新星出版社2006年版，第44页。

② （美）弗雷德里克·沃特金斯：《西方政治传统：近代自由主义之发展》，李丰斌译，新星出版社2006年版，第44页。

各国爆发了资产阶级革命。革命成功之后，当权者按照宪法思想家的设计制定了宪法文本，将民主、自由、平等、法治的宪法原则和“有限政府”的宪政精神贯彻到条款中去，形成有效的制度框架，约束了国家权力对公民权利的侵害，维护和促进资本主义经济的发展。在这个意义上，近代宪法知识体系的产生意味着某种国家合法性观念的重构。

首先，资本主义作为一种经济生活的现象，首先在13至14世纪之间出现于意大利半岛。以威尼斯、佛罗伦萨为代表的自由城市，利用其在地中海世界优越的地理位置，发展出一种不同于欧洲大陆的海商贸易文明。它的主要表征包括：海运业的复兴，城市的扩张，受到商业经济支配下的农业生产，其他产品的出口业生产等。大规模的基于交换目的的生产与贸易，使得这些地中海城市带有浓厚的经济性格。城市居民、贵族议会以及城市统领大多具有商人或商人家族的背景，因此，维持和促进商贸活动的发展，并力图保持自己对其他竞争对手的优势，成为他们最为关注的焦点。为了达致有效率的经济活动，取得利润，在这些半经济实体半政治实体的商人城邦①里，人们发展出一套法制系统和经济技术（大者如交通通信、银行保险，小者如复式记账法）以适应商业系统的发展。社会下层机构中的各种经济要素，在被还原为私人财产权、并获得法律保障的情况下，达到了一个能公平而自由交换的程度；各种商业习惯在罗马法的接引下进行筛选整合，形成在各个城市中得到实际运用的近代商法、航海法。这些法律为经济活动创制了一个良好的信用环境；上层政府机构也积极地应对经济要求，进行组织和司法上的法制改革，使得一个国家上下一体，全部能够用数字进行管理，从而具备处置经济事宜的能力。

---

① 有学者说，历史上的威尼斯是“一个没有领域的城市”和“一个商人共和国”，“它的政府即是一个股份公司。它的统领就是它的总经理。而参议院，就是它的董事会。它的人口，就是它的股份持有人”。这些说法可参见切尼、汤普逊对中世纪晚期历史的研究，转引自黄仁宇：《资本主义与二十一世纪》，三联书店2000年版，第59页。

在一种韦伯所说的“能供计算的法治系统”的支撑下，大规模的资本主义经济方式在近代西方逐渐成长起来，并以不可逆之势从海洋边缘的城市发展至欧洲内陆国家，并深刻地影响了欧洲大陆的近代历史①。

资本主义对近代宪法文化的影响主要有三：一是这种经济生产方式必须要求在法权体系中确认私人利益的合法性。私人控制的资源，只有在被法律确认、形成财产（产权）后，才能被人们理性计算与分析。继而参与产权的交换过程中的资源（包括人力资源）获得有效率的配置，转换为交换价值与使用价值，使社会总体财富量增加。诺贝尔经济学奖的得主道格拉斯·诺斯等人就曾指出，产权不断的明晰化以及法治对产权保障系统的强度，是推动西方资本主义的发展、增加西方国家经济实力的关键。② 在以产权为中心的商业交换活动中，人们的利益观念与权利保障意识获得极大的伸张，以制度化机制解决利益的分配与流转问题的经验也得到锻炼。无论是个人，还是国家，都把对利益的自主追求以及对财产权利的确认与保障，看做是正当的。这恐怕是洛克为何将财产权规定成自然权利核心的一个重要原因吧。

资本主义经济活动培育了西方人的自由精神，也增强了人们理性意识和思维能力。资本主义经济与以往的农业经济不同，它表现出动态经济的特征，社会整体财富量在流动的产权生产与交换系统中稳步增加。人们摆脱旧有身份的束缚，以自由个体的方式选择商机，从事生产经营活动，利用自己的劳动、智慧和运气获得财富，满足自己的利益需要。自由、理性的精神，和自主自治的人的观念，在自由资本主义的土壤中茁壮成长，成为近代宪法话语中的应有之义。

---

① 参见黄仁宇：《资本主义与二十一世纪》，三联书店 2000 年版，第 23 页，第 31 ~ 33 页，第 496 ~ 497 页。

② 参见其著作《西方世界的兴起》以及《经济史上的结构与变革》。我国皆出版了中文译本。

在资本主义经济活动中，政府与市场的关系逐步得到澄清，控制政府的技艺也在西方人对经济实体的操作实践中发生新的想象，产生出新的国家治理理念。长期的经济实践，使得西方人慢慢意识到，政府权力的介入方式与程度关涉了经济活动的活跃程度以及利益目的的实现，政府形象发生变化，由以前的与神圣正义相关的精英领导形象转变为与公共服务相关的夜警国家形象，有限政府的观念在法治话语的推动下逐渐推广开来。同时，人们把对在企业操作中学习到的经验，运用至对国家的治理环节中，公司内部的制衡模式唤起了人们对古希腊罗马时期的混合政体的联想，成为近代权力制约思想的观念原型。总之，在资本主义经济活动的涤荡下，“利益——权利——自由理性——法治——国家模式”，这些话语符号之间的能指连接逐渐地在西方人的头脑中清晰呈现出来，并成为近代思想家建构主权理论与宪政话语的前见素材。

其次，中世纪后期，西方世界中发生了两件对后世智识生活具有决定作用的事情，即希腊——罗马传统在艺术和文学领域的复兴，以及西欧旧有一体化的天主教内部发生的宗教改革。① 两大事件为思想界带来了新的元素，文艺复兴把对自由、平等、博爱放入对个人尊严价值的思考之中，而“欧洲人新型的个性诞生于宗教改革运动，政治自由、良心自由、人和公民权利也是通过宗教改革运动向世界宣告的。”② 这些都催生了现代世界能够诞生的因素：公共生活的世俗化，世俗个人不再听命于教会权威。

在外部历史中所最为突出的表征就是民族国家的迅速崛起。欧洲各民族的世俗势力在与教会的较量中占据上风，雄心勃勃的君主们意图消弭各城市和其他较小单位的独立性，以形成更大的主权国家。而

① 与此对应的是在法学界也出现了重返罗马法运动。三者并称为“三 R 运动”。

② （俄）C. H. 布尔加科夫：《路标集》，彭甄、曾予平译，云南人民出版社 1999 年版，第 218 页。

自马基雅弗里、布丹①、霍布斯发展而来的国家主权学说为这种野心提供了思想支持。这与西方资本主义发展前期的语境也是相互关联的：商人们必须依赖君主的实力去荡平阻碍工商业发展的障碍，所以开明专制成为西方很多国家在进入到资本主义体制之前都经历过的一个阶段。当主权国家建立之后，人们再次面临的问题是：人类如何驾驭庞大的利维坦才不至于破坏既有的资本主义体制，不至于伤害到人类自身，并且能够符合西方文化中一贯的妥协性秩序观的传统。

在这种问题语境下，当时知识界出现了以“个人权利”、“自由平等”等为内容的知识思潮：文艺复兴带来的人本主义思潮使得中世纪的个人主义观念得到进一步发展，宗教改革则摆脱了以往的个人必须在教会的组织之下才能信奉上帝的信仰形式，建立起直接沟通个人与上帝的桥梁，加上后来启蒙运动的兴起，人们开始认识到个人自身对立于教会、国家以及共同体的独立价值，人的理性能力被极大强化，由此产生的自然权利观念以及自然法学说成为当时流行的主要学术思潮。其主要观点有三：一是人具有与生俱来的自然权利；二是人可以在自身理性的指引下组成社会，形成国家，制定法律。而这些人类理性创造物不得侵害人的自然权利；三是人类理性可以发现世界中的自然法，而国家的法律应该体现自然法精神，不得违背自然法的内容。

“主权在民”理论的成熟与定型，便是由一批信仰自然法、主张自然权利说的思想家们完成的。其代表人物主要有荷兰的格劳修斯、斯宾诺莎，英国的霍布斯、洛克，以及法国的卢梭等人。他们发展出自然权利说和社会契约论，完成了国家学说的近代转型。

霍布斯的理论建基于对自然状态的丛林法则的描述上。在他看来，决定人类行为的根本原则在于人类自利主义（自卫本能）的本性。这种本性使得人类早期社会处于类似于狼与狼的战争状态，对资

① 法国人布丹率先提出主权概念（Sovereignty），并系统阐述了主权学说；其撰写《国家六论》的主要目的在于倡导一种有力的新国家说，去支持在法国日趋强盛的君主专制和领土扩张事实。

源的占有与使用遵循着丛林法则。然而，在每个人安全自保的需要的驱动下，人类走出丛林、步入社会。其中，关于人群共存的理性，也在自然法的召唤与启蒙下，从人类的自卫本能中孕育出来。人们学会让渡与转让自身的权利，而“权利的互相转让就是人们所谓的契约。”① 以契约建构组织，推行理性的共存规则，在国家生活中以图自己各种利益的最大实现。在他的认识中，国家的本质“就是一大群人相互订立信约，每人都对它的行为授权，以便使它能够按照其认为有利于大家的和平与共同防卫的方式运用全体的力量和手段的一个人格。”② 在这样的社会契约论中，每个人授权成为政府权力的正当性来源，而保障自然权利、促进个人利益的实现是政府权力的根本目的所在。

成熟的社会契约论是由约翰·洛克（John Locke）完成的。这种理论主要是解释1688年的光荣革命后新政府取代斯图亚特王朝统治英国的正当性。与霍布斯一样，洛克也把前文明社会描述成一个自然状态：“为了正确地了解政治权力，并追溯它的起源，我们必须考究人类原来自然地处于什么状态。那是一种完备无缺的自由状态……也是一种平等的状态，在这种状态中，一切权力和管辖权都是相互的，没有一个人享有多于别人的权力。极为明显，同种和同等的人们毫无差别地生来就享有自然的一切同样的有利条件，能够运用相同的身心能力，就应该人人平等。”③ 但是，这种自然状态却也是“一种尽管自由却是充满了恐惧和经常危险的状况。”④ 在这种状态下，存在着属于每一个人的某些权利，包括宗教自由、言论自由、获取和拥有财

---

① （英）霍布斯：《利维坦》，黎思复、黎廷弼译，商务印书馆1985年版，第100页。

② （英）霍布斯：《利维坦》，黎思复、黎廷弼译，商务印书馆1985年版，第132页。

③ （英）洛克：《政府论》（下篇），叶启芳、瞿菊农译，商务印书馆1964年版，第5页。

④ （英）洛克：《政府论》（下篇），叶启芳、瞿菊农译，商务印书馆1964年版，第77页。

产的自由、不受依据溯及既往的法律和不公正的刑事程序惩罚的自由等。人们虽然有自由，但因缺乏解决纠纷的裁判者和权力机构等原因，仍无法获得长久的安全——这是自然状态下的缺陷。

然而，洛克相信，“自然状态有一种为人人所应遵守的自然法对它起着支配作用；而理性，也即是自然法，教导着有意遵从理性的全人类：人们既然都是平等和独立的，任何人都不得侵害他人的生命、健康、自由或财产”。① 因此，为了保护自己的生命、特权和财产，理性的人们自愿放弃一部分自然权利，相互达成协议以组成国家，获得在国家下的自由，即在法律约束和保护下的自由。“国家是由人们组成的一个社会，人们组成这个社会仅仅是为了谋求、维护和增进公民们自己的利益。”② 政府权力来自于个人权利的委托与让渡，所以必须得为社会公民们谋福利。政府不能剥夺个人的自然权利，因为它们不是政府所创造的。这些以限制政府权力为宗旨的内容被写入人民与统治者之间的契约之中，这个契约既是政府权力来源的依据，又规定了人们有守法、服从国家统治的义务，更是政府组织政治生活、运行权力体系的准则。政府必须以能够给予私人权利以有效保护的方式进行组织，否则人们有权撤销契约，行使反抗权。为了这个目的，作为一个最基础的先决条件，政府职权必须被分为立法的、行政的和司法的；而行政行为必须与立法机构所规定的规则相一致；并且由独立的司法机构所掌握的对不合法行政行为的补救手段必须是可以获得的。

须注意的是，霍布斯是近代时期西方绝对主义国家理论的先驱，因为在他的契约论中，缔约的当事人是自然状态下处于孤独、危险中的不同人类个体，社会契约是这些个体彼此之间关于共同存续原则的承诺，拥有国家权力的主权者并非契约的一方，而是契约的证人和监

① （英）洛克：《政府论》（下篇），叶启芳、瞿菊农译，商务印书馆1964年版，第6页。

② （英）洛克：《论宗教宽容》，吴云贵译，商务印书馆1982年版，第5页。

督者。这个契约一旦签订，不经过主权者的同意，是不允许毁约和重新订立的。而与霍布斯最大的不同之处在于，洛克的社会契约还发生在人民和主权者即统治者之间，人民与统治者签订契约，让渡一部分自然权利，把治理的权力交由国家政府行使，并承诺遵守国家法律，服从统治者的权力管理，其目的在于更好地享受生命、自由和财产权等自然权利。因此，按照契约的原理，如果政府主权者不能保护甚至侵害人民的基本权利，就会因此违约行为丧失继续行使治理权力的正当性资格，作为缔约者的人民理所当然可以废除契约，重返自然状态或者寻求新的主权者另订契约。从这一点讲，洛克完成了近代西方政治思想中的有限国家权力说的经典理论建构。

卢梭继承了社会契约论的论说话语，其对自然权利与社会契约关系的经典表述是，“人类由于社会契约而丧失的，乃是他的天然的自由以及对于他所企图的和所能得到的一切东西的那种无限权利；而他所获得的，乃是社会的自由以及对于他所享受的一切东西的所有权”。① 由此可见，卢梭也坚持自然权利优先于国家权力的正当性，主张在社会国家的法权控制下，保护和实现人们的自然权利。在国家学说中，他更加明确地提出“主权在民”的思想，并把民主作为论证国家权力正当性的核心指标。如果说洛克在英国传统语境的支配下，对人性和理性秩序的思考结论是自由宪政主义的话，那么卢梭的思考则也与欧洲大陆的传统与近代语境密不可分，其结论是民主宪政主义。

虽然两种关于宪政的主张直接导致了西方各国不同的宪政实践，但必须注意的是，强调人的尊严和与生俱来的权利，主张人权对于国家权力的本源性基础，承认国家权力的必要性并利用制度和法律约束国家权力的恶性，在法律正义中实现人的道德存在，是这两种以宪政为核心的知识体系所共同推崇的理念与原则，它们构成了西方人关于国家正义观的基本共识。这使得西方合法性话语的历史发生了一个关

① （法）卢梭：《社会契约论》，何兆武译，商务印书馆 1980 年版，第 30 页。

键性的转折：个人权利与新的国家合法性话语发生联系。在论说中，个人权利具有至上性的价值地位，它成为论证和解释国家权力合法性的核心范畴。以民主、自由、理性、宪政等理论概念支撑的“法理型”统治图式成为西方人对秩序理解的基本共识。

五、被治者的同意：法律正义论下的逻辑自洽

在西方语境里，合法性问题构成了政治哲学的核心问题。从其研究谱系来看，西方文化是在一种法律正义论中理解合法性问题的，即“最普遍的合法性的形式是对法定性（legality）的信仰，即接受形式上正确，并按照法律制定的法规。”① 一个稳定的政权总是在谋求其统治的合法化，通过与价值合法性的连接，暴力获得了意义解释，成为了合法的国家权力，并利用稳定性的制度规则体系固定下来，成为民众调整自身行为与国家认可的合法行为之间的主要依据。“规则是使权力合法化的一种有效方法。它们准确地确定官方权威的范围和界限，因而就提供了表面上看来是清晰的检验责任的标准。”② 法律规则自身的属性为权力行使的正当化说明了理由。民众既可以根据自己内心的价值体系，通过个人行为与国家规定的法律规则之间的偏离程度来表达对政治法律体系的认可与服从态度；又可以在法律体系的意义解释中理解国家行使国家权力调整个人行为的正当理由。

这种法律正义论回应统治合法性问题的典型理论表达，就是通过社会契约论型构而成的人民主权学说，其制度范式就是以宪法为核心的民主宪政。在这个具有现代性的政治图式中，人民的价值和地位获得了极大的伸张，它成为国家政治生活展开的逻辑起点、运作中枢和价值归属，并与自由、民主、共和、法治等范畴形成了一个自洽的逻辑结构。

---

① （法）让-马克·思古德：《什么是政治的合法性?》，载《外国法译评》1997 年第 2 期。

② （美）诺内特、塞尔兹尼尔：《转变中的法律和社会》，张志铭译，中国政法大学出版社 1994 年版，第 68 页。

首先，从价值维度来看，统治应当源自于被治民众的同意与普遍授权。这就意味着西方文化语境中的人民是个体化的，是具有自由意志、能够独立表达个人利益诉求的原子人、理性人。通过协议，结束自然状态进入到政治状态，需要缔约者具有先在性的自由和理性。在社会契约缔结的过程中，“对国家进行一切界定的主体是人民，国家是一国人民的政治状态。国家存在的类型和形式是按民主正当性的原则、并经由人民的自由意志而得以确定的。”①

另外，人民还需具有先验的同质性和平等性。人生来平等，有相同的欲望，和大体一致的智识水平，每个人的人性尊严都值得尊重和保护，以此为前提展开的民主制意味着一种同质性，即“在民主国家内部，统治与被统治、治理与被治理之间的区分并没有表现出或产生出质的差异。在民主制的条件下，统治或治理不能建立在不平等的基础之上……与被治者相比，治理者并不具有质的优异性”，“他们必须保持在民主式平等和同质性之中”②，形成一种自己治理自己的政治关系。自由平等的人的形象，既是政治合法展开的逻辑起点，又作为一种价值范畴成为政府权力所要追求的目标。政府把尊重人性尊严、保障人权和自由、促进民生福利等价值用根本法的形式确定下来，成为支配和衡量政府行为的合法性标准。

其次，从规范维度来看，现实政权若想赢得民众认可，必须得把自由、人权等合法性价值的具体实现途径，落实于以宪法为核心的规范体系的建构工程上。第一是必须得有宪法，即政治行为必须受到规则的治理，这样才能保证已确定的合法性价值的实现。比如说旧政府垮台，统治权力转移至新一届政府，如果没有稳定的、可预期的宪法规则进行规范，那么原先形成的共识性价值和政治目标，就有可能随着政府更替、领导人的变化而遭到破坏。通过对选举、罢免、创制、

---

①（德）卡尔·施密特：《宪法学说》，刘峰译，上海人民出版社 2005 年版，第 101 页。

②（德）卡尔·施密特：《宪法学说》，刘峰译，上海人民出版社 2005 年版，第 252 页。

复决等各种事项的详细规定，政治权力的来源、配置和运行都受到宪法的明文规制，合宪法性成为政权合法化的具体体现，成为民众承认现实政权的一个重要指标。另外，宪法也是法。合宪法性意味着宪法必须具备作为法的一般特征，符合法规则的自身逻辑：如宪法应公开、明确、稳定；宪法作为高位阶的法，必须能够统摄低位阶的法律和行政法规规章；宪法如其他法规范一样，具备可诉性，其规范内容应成为法院或专门机构针对宪法诉讼案件进行判断的依据。进一步完善宪法技术规则，也是合宪法性的应有之义。

再次是必须得有由宪法牵引的法律法规体系，即政府的行政行为也应受到具体规则的治理。譬如说公民认可了警察对他的罚款，警察的具体行政行为获得合法性。该合法性具体是如何产生的呢？最主要的途径是国家通过法律知识的宣传，已经使民众获得这样的认知：警察的行政行为经过行政法和宪法的授权，即具备法律效力。合乎法律的政府行为具有施加统治的合法性，民众应当服从这种合法权威。合宪法性以及合法律性，共同解释了人们对政权现象的追问，缓解了民众从价值层面拷问政权所带来的政权风险。

在法理型统治中，统治者和被统治者主要是依据程序、制度来达到关于合法行为模式的共识。法律是这种统治类型的最高权威，实现了对社会生活的全面统摄，特别是在国家政治权力的产生、变更、组织和运行上，更需要按照既定的会议制度和程序规则施以控制。作为必要的恶，国家权力如果是在具有可预测性的规则轨道里完成运行，那么民众遵守和服从自然具有合法性。法治权威的至上性来自于民众的同意，因此“**所有的**法律，**所有的**立法权威，都必须面对大众的控制，否则，政体将不复共和。但是，大众控制必须得到管理——必须缓慢下来，民意才能得以形成，其最坏的冲动也可以得到疏导”①，这就意味着人民必须在各种法治环节中实际地出场。如通过选举法和选举制度集合而成的民意；以法案形式确认保障民权的权利文本体

① （美）拉里·克雷默：《人民自己：人民宪政主义与司法审查》，田雷译，译林出版社2010年版，第3页。黑体由原著作者标注。

系；以人民陪审制度平衡专业性的司法救济，让人民实际参与到权利的实现保障环节中。

同时，人民主权的价值是追求自由人权，其实现的条件是法治，而法治的基础是共和，而共和的稳定则需要依靠分权制衡。所以人民不仅要在立法、行政、司法等环节中出场，而且其制度规则在设计时必须得贯通自由、民主、共和和法治，让这些制度要素都能够得到有效的表达。如在选举法中，首先需要确认选举自由原则，采取普选或者选举人制，体现出自由和民主的制度机理；而选举之后所形成的机关，应该形成满足共和精神的制衡机制，即众议院普选产生，代表人数多，而参议院从选举代表人中产生，代表人数人少，但是参议院在投票效力上可以制衡众议院。再如司法环节中，普遍诉权的授予，体现出自由民主原则，而诉讼程序及相应的诉讼构造，则是法治化原则在整合法律评价意志时的体现；陪审团与专业法官之间司法权的配置，则表达着人民主权在控制司法救济时也需要有效的制衡机制。唯有如此，才会避免民主制发展成为法国大革命后所形成的暴民政治。关于“谁是人民自由的最佳守护者”的问题，西方文化最终发展出来了以自由人权、人民民主、共和分权、形式法治为基础原则的宪法政治。

第二章　古代中国语境中的合法性话语构建

在古代中国语境中，天命与德性是概括政权合法性的主要词汇。它们在历史语境中与其他语汇范畴发生联系，最终固定为理解和评价政治现象的意义体系，构成了“受命于天而有德者居之”的德命话语体系，成为论证政权合法性问题的主要话语范式。而话语意义系统中所形成的文化信条，对中国传统的国家权力观念和相应的制度规则，产生了无法忽视的形塑力量。

第一节　上古语境：合法性话语的基因环境

合法性问题是对政治现象的一种意义建构和追问。为何要服从一个公共机关及其权力的管理，是其中蕴含着的主要话题。由此可见，政权现象的出现是研究合法性问题的前提。只有产生了现实的公共管理现象，才可能出现对其进行思考和构想的观念系统。所以，我们必须把传统中国政权合法性问题的研究，溯源至古代文明产生的幼年时代。这个幼年时代，是指人类初步摆脱动物性、在观念的指引下组成一定社会组织如婚级、家庭、氏族等早期文明形态①，大约是处于人类进化到晚期智人以后的阶段。在中国，恐怕得倒推至夏以前的

①　婚级组织里的权力现象主要是性的禁忌，它使人类摆脱了性杂交的本能生活；逐渐形成亲属制度和家庭形态，以及据此而联合的氏族组织，是人类文明演化的结果。权力也从性的支配权渐次过渡至公共管理权。参见摩尔根：《古代社会》，商务印书馆 1997 年版；喻中：《法律文化视野中的权力》，山东人民出版社 2004 年版，第 66 ~ 75 页。

“三皇五帝”的传说时代，即目前考古所能看到的上古文化层①。我们基本上能从这一时期的神话传说和考古材料中，看到中国已经出现规模性的群体生活和公共机关。所以，以上古时代作为研究政治法律问题的开端，是十分必要的。很多学者②都注意到，早期文明的起源问题、国家产生的不同路径，决定了不同文化圈里的人群对待政治法律和国家权力的态度。

公共机构的出现，以及带来的政治秩序，必然与早期中国的文明形态诸如地理环境、主要生产方式、公共管理权力的起源以及秩序化观念系统等要素有着密不可分的关系。以解释和评价政权权力为主要任务的合法性意义系统，则必然是在上古时代的语境所造就的文化基因的规定之下，得以形塑和发展延续。

一、村落聚居式的农业文明

就地理环境而言，我国最适宜产生农耕文明。气候温和、雨量充沛的黄河中下游地区成为先民生存和繁殖的最理想区域。根据文献记载和考古发掘的结果，“夏、商、周的中心地区是今天河南省的中部和北部、山西省南部、陕西省的关中盆地、河北省的西南部和山东省的西部，正是当时自然环境条件最优越的地区”。③ 而何新的研究，也表明这一区域就是神话时代诸神的起源地区。④ 兴起于此的新石器文化（仰韶—龙山文化），已经展现了华夏民族的祖先们从渔猎向农耕生产过渡的历史风貌。而长江中下游的屈家岭文化，以及江浙一带

---

① 在北方，主要是仰韶—龙山文化；南方主要是河姆渡—良渚文化。基本上在公元前7000—前2000年；当然，除此之外，还有其他的文化类型。

② 西方大学者如摩尔根、马克思以及诸多文化学研究者都注意到起源问题；近年来，中国学者的研究成果中也能看到这样的学术兴趣。如历史学家张光直、谢维扬等人的研究。法律学者如梁治平、张中秋、陈晓枫也注意到法律文化的基因问题。

③ 张岱年、方克立主编：《中国文化概论》（修订版），北京师范大学出版社2004年版，第21页。

④ 何新：《诸神的起源》，时事出版社2002年版，第115～147页。

的河姆渡—良渚文化则是南部农业文明形态的典型。通过对这些早期文化形态的研究，能够可以看到早期中国文明的共通特征。这些特征是决定当时秩序现象产生和观念形成的重要因素。

第一，其主要的生产类型是农业。尽管我国的文明起源是多点分布的，但从新石器的文化遗址的挖掘来看，都明显看到农业生产的痕迹。如南北文化遗址中都出土了大量的石质、木质的农业生产工具。农作物残留物、装盛粮食的陶罐器皿等也证明先民是以农业生产方式来维持基本生存需要，并以此发展出相应的群体生活。在这种通过人类劳动向土地索取生活物资的生产生活方式中，我国先民们形成了特殊的人与自然的观念。

第二，从文化遗址看，早期农业促进了适应于农耕文明的群体的出现。其基本上是村落家族聚居式生活方式①。如北方的仰韶—龙山文化遗址中出现的壕沟、夯土城墙，河姆渡发掘的以水井为核心的村落布局，表明村落群居生活已经形成。与费孝通在《乡土中国》中观察的一样，早期群居生活以血缘为组织方式，一个村落即是一个家族。村落秩序主要依靠习惯法来维持。这种生活状态下所形成的祖灵观念和祖先崇拜信仰，对中国人的秩序观影响较大。

第三，早期农业是与“水”有关的农业。对此，学术界有二说，一为雨水农业，一为大河农业。此二说都看到了水对于中国早期文化的生成的重要作用。一方面，由于我国处于亚热带季风气候，故农业发展与季风所形成的雨季有明显关系。在这种环境下，初民们基本上是依天吃饭，长期的实践经验，使他们意识到人的生活与头顶上的天息息相关，由此发展出来一套与天有关的知识和信仰。如四季与农时的划分实质上是关于雨量现象的知识认识。雨水农业所造就的天地时空观是处理秩序现象的基本思想素材，而观察和总结天象知识也成为重要的人事活动。另一方面，学者们认为，古代中国与古埃及一样，皆是在大河的摇篮中孕育出来的文明类型。早期文化遗址，基本上都

① 参见赵林：《告别洪荒：人类文明的演进》，东方出版社 1998 年版，第一章。

是分布在由河流冲积而成的平原区域内。河流水系分布虽能促进农业文明的发展，但文明也会因洪水泛滥、河流改道而遭受破坏。于是，以争夺水源为目的的争斗、战争以及控制河流的治水活动成为社会群体的主要公共活动。公共机关也在此基础之上产生。古籍当中的治水神话其实就是明证。

这种与水相关的农业类型，既让先民们意识到自然的不可抗拒，又体会到人力的作用。应该说，此后中国人的天人合一、以人为体的思维观念，是早期农业活动的产物。更重要的是，据此产生出最早的公共人事活动：以了解天象为内容的祭祀活动、以治水为表现的生产管理活动以及各种战争。从牛河梁遗址中的“女神庙”到浙江瑶山顶的三色土祭坛，从龙山文化遗址发掘的防御性城址、战俘骨架，到良渚大墓中象征军权王权的玉钺，可见祭祀和战争在早期人类公共生活中的重要性和普遍性。《左传》有云，“国之大事，在祀在戎”，此言不虚。

二、酋邦模式下的国家权力起源①

摩尔根在《古代社会》中所形成的氏族—部落理论模式，早已为我国学界所熟知并被运用至我国国家起源问题的研究之中。但这种以北美易洛魁人以及古希腊罗人为对象的考察结论对于我国历史现象的解释力，在近20年来受到了有力的质疑②。20世纪60年代，西人塞维斯等人类学家通过研究得出结论，古代社会中还存在一种与氏族社会不同的前国家模式，即酋邦模式。越来越多的学者结合中国古代社会的历史状况，认为这种国家起源模式的研究理论更具解释力，也得出了一些有益于理解我国国家及权力起源的观点。这些结论观点对探讨我国政治文化产生的语境以及政治合法性话语的产生问题，颇有裨益。

---

① 参见喻中：《法律文化视野中的权力》，山东人民出版社2004年版，第65～93页。

② 参见童恩正：《摩尔根模式与中国原始社会史研究》，载《中国社会科学》1988年第3期。

对于我国国家起源的特征状态，学界向来都有“政教合一”，“神权、族权和军权的统一”及“种姓奴隶制”等结论，它们皆在某一层面触及到了酋邦的特征。就目前的研究成果来看，在我国国家起源问题上，至少有以下几个问题或特征将深刻地影响着国人对政治权力的看法。

第一，与西方氏族、部落社会形态相比，我国的早期社会形态规模更大，财富和权力的集中化更突出。从良渚文化的存留遗址来看，其工程的巨大规模充分表明，能从事如此大型工程的，一定是一个控制地域较大、人口较多以及支配权力较强的社会群体。从出土的随葬品特别是玉器来看，公元前3000年的良渚文化的财富却是摩尔根笔下的氏族无法比拟的，且财富、权力为少数人所占。这点从墓葬形制中可看出。大墓往往位于中心区域，或被埋在人工建筑的高台之上，其中的随葬品多而精美，且多为其他小墓所没有的玉器礼器。而普通死者往往被浅埋于村落附近的小墓中，没有或很少有随葬器物。其他文化遗址中也能看出这一特点。如红山文化中，位于墓地中心位置的墓主有石棺，外围并有石圈保护，随葬品丰富；而有些死者的墓室简陋，较少随葬物，多浅埋，有的是多人合葬。而龙山文化的陶寺墓地，大中型墓有木质葬具和随葬品。这些考古材料都表明，在三代之前，我国社会群体组织中就已经出现权力、财富的分化现象，政治权力较高的人往往拥有较多的财富。

另外，权力拥有者及其可支配的权力，应该存在着秩序化的结构。这一点在墓葬中也有所反映。如在反山良渚墓地中，共有11座属于贵族的大型墓葬，大部分墓中有玉琮，但有三座却无玉琮。这表明在上层权力阶层也存在着等级差别。而瑶山文化遗址中，南北两侧共排列11座墓葬。“南列诸墓共见的琮、玉钺、三叉形饰和与之相配套的承租锥形饰等重器为北列诸墓所无；而北列诸墓的璜和纺轮又为南墓所未见。”① 占有器物的不同反映出权力阶层按等级已有一定

① 参见《余杭瑶山良渚文化遗址遗坛发掘简报》，载《文物》1988年第1期。

的分工。

第二，战争的普遍性与国家权力。上节已经分析了农业文明与水的关系容易产生争斗战争。另外，有些学者提到早期中国初民们生活的一马平川的地域，容易造成农耕民族与游牧民族的对立，① 神话传说中也确实记载了古中国民族在迁徙中多次发生战争。② 考古学家也发现早期文明遗址中有防御性的城址设施、战俘骨架和埋葬坑。战争中形成的战俘加速了财富集中与社会分层，同时也促进了权力的巩固与集中。与西方早期文化中的城邦不同，我国的早期政权不是源于氏族和部落内部因利益妥协而建立起凌驾于社会之上的公共机构，而是来自于战争胜利的结果，是赤裸裸的种姓之间的征服和统治。文献中记载的三大古族集团的历史，基本上是一部战争史。如黄帝与炎帝、蚩尤之战、共工与颛顼的战争等。各个古族为争夺控制权发动战争，在战争中产生政权现象。如对内的战争动员、战争指挥权以及对战败部族的刑杀权等。

第三，权力的宗教意识。从我国早期文明的考古发掘成果中，可明显看到政治权力被披上了神权的外衣。各个文化期的遗址，都有一个重要特征，即普遍存有祭祀祭天场所与宗教器皿。红山文化的“女神庙”、良渚的祭坛，都可证明宗教活动对于先民们生活的重要性。规格较大的墓穴中，往往会发现较多的礼天玉器，证明政权与神权的紧密结合。在良渚大墓中，也发现墓主身边放有玉钺，一种由武器发展而来的权力象征。这个集神权和军权于一身的墓主可能就是酋邦的政治首领。③ 张光直将其描述为“萨满式文明”，认为“通天地的各种手段的独占，包括古代仪式的用品、美术品、礼器等的独占，是获得河占取政治权力的重要基础，是中国古代财富与资源独占的重

---

① 参见赵林：《告别洪荒：人类文明的演进》，东方出版社 1998 年版，第一章。

② 参见劳思光：《新编中国哲学史》（第一卷），广西师范大学出版社 2005 年版，第 17～32 页。

③ 参见龚缨晏：《略论中国的史前酋邦》，载《杭州大学学报》1995 年第 6 期。

要条件”。① 酋邦领袖凭借着对沟通天地手段和知识的垄断，来强化政治权力，稳定酋邦内的政治秩序。据《国语》记载，炎帝信奉巫教，派男女巫觋专门掌管宗教事务；黄帝也是宗教信奉者，在相关战争中，也可看到巫术的较量，战争胜负甚至取决于这种较量。“从神话文献资料中，……黄帝酋邦的权威是军事武力征服的结果，也是对四方臣民实施精神奴役的结果。巫教的权威靠武力来夺取，武力又靠巫教来强化。……巫教文化与酋邦型的早期国家组织形态的结合，决定了中国政教合一的东方专制传统的建立。”②

通过以上分析，可以看到在我国早期社会形态中，存在着一定程度的以镇压和管理为内容的政权现象。它与战争和巫教的关系密切，政治权力源于战争胜利的结果，并通过巫教祭祀唤起人们对酋邦政权的服从。酋邦首领因为军权和神话而成为集权结构的核心。“在酋邦社会中形成了金字塔形的权力架构，酋长处于它的顶端，他完全控制了社会产品的再分配和对劳动力的支配，他对社会成员的生命财产有处置大权。这种个人权力由于组织了一个庞大的权力网得到加强，从而形成了一个以维护最高权威为目标的特权集团。”③ 夏商周及以后的封建王朝，就在这种政制基因里形成对了政治权力的认识，构建出基本的权力组织体系。

三、天地自然信仰的知识前见

学术界的通说认为，中国是一个政治类型和政治观念定型较早的国家，很早以前就形成了以王权为核心、官僚系统为国家机器主干、等级制为结构特征、治民为国家职能的大一统政治观。④ 应该说，这种政治的早熟，与中国早期所形成的世界本体意识以及自然信仰是分

① 张光直：《中国青铜时代》，三联书店 1999 年版，第 26 页。

② 吴予敏：《巫教、酋邦和礼乐渊源》，载《北京大学学报》1998 年第 4 期。

③ 吴予敏：《巫教、酋邦和礼乐渊源》，载《北京大学学报》1998 年第 4 期。

④ 故而学术界有云：中国政治文化表现出超稳定的特征。参见金观涛：《在历史的表象背后：对中国封建社会超稳定结构的探索》，四川人民出版社 1983 年版。

不开的。原始观念中的“天”是世界的实体，它是先民们基于对当时农业社会的经验体悟，在一种直观外推思维①的作用下，所产生的关于世界构成的本体意识。与西人不同，这种本体意识是自然性的，与具体的经验世界相联系。② 天地自然很早就以一种不证自明的意义存于中国人的信仰之中，并成为构建意义系统和知识体系的先验前提和价值依据。之后关于三才、阴阳、五行等范畴的讨论，只不过是从世界生成的角度出发，试图在多样性的生成方式中去说明世界的统一性。③ 在国人观念中，人世中的种种现象，都与天地自然本体之间存在着对应关系。天地自然秩序的知识成为理解人间秩序和传统政治的前见。

关于中国人早期秩序观念的起源，葛兆光利用上古三代遗物所展开的研究颇有见地。④

他认为中国古代思想世界源自于初民们对自身生存环境的观察与思考。他们的生活经验使之意识到，宇宙是规范而有序的，天与地相对，而天与地则又都是由对称和谐的中央与四方构成，中央的地位高于四方，四方要环绕中央。四方各有星象，四方又与四季相连，四季又都有各自的守护神灵。宇宙形成了一个以中央为核心、众星拱北辰、四方环中国的“天地差序格局”。这些对天地的感觉和想象与此后中国人的各种抽象观念有极深的关系。如“中国”就包含着古人

① 西方学术界称之为“心象——概念”模式的儿童思维、原始思维（列维·布留尔、列维·施特劳斯）；而中国学术界往往说成“整体感悟思维”、“象思维”等等。

② 西方人的本体意识是二元思维的产物。早期希腊哲学中的本体论就有唯物和唯心的两种倾向，把世界的本原归结于“火”、“气”、“数”、“理念”等等。但都反映着对经验世界的否定与反思，以超越性的抽象范畴来考察世界构成，强调人的形式逻辑思维。应当注意到，这里我们使用“本体”一词概括中国文化中的范畴，是不太确切的。

③ 参见张立文：《中国哲学逻辑结构论》，中国社会科学出版社 2002 年版，第 160 页。

④ 参见葛兆光：《七世纪前的中国的知识思想与信仰世界》，复旦大学出版社 1998 年版，第 15～19 页。

自认为居于天下中心的想法。五行、四时等时空观念也是从自然现象中类比推出的。更重要的是，这样的时空宇宙观和宇宙结构模式成为古代中国人推理和联想中不证自明的基础和依据。“它通过一系列的隐喻，在思维中由此推彼，人们会产生在空间关系上中央统辖私房、时间顺序上中央早于四方、价值等级上中央优先于四方的想法。……而当这种观念与神话相遇，就会在人间的意识与仪式中形成中央之帝王与四方之神祇的整齐神谱；当这种观念延伸到社会领域，就会成为中央帝王领属四方藩臣的政治结构的神圣性与合理性依据。”他的研究成果比较充分地说明了天人交感的思维模式对于国人构建政治秩序意义的重要作用。

秩序观念是对秩序现象思考后的知识意义体系。中国人对于秩序的最早理解是在天地自然秩序中展开的。一方面，它为秩序现象提供了一个价值本源，即这种“差序格局”是天然合理的，因为它是宇宙天地的自然存在秩序；同时也提供了一个观念的样式，即一切天然形成的事物包括社会组织与人类自身，都是与宇宙天地同构的。人类应该按照这种宇宙、社会、人类的一体同构来理解、分析、判断以及处理现象世界。我们可以看到，正是在这种宇宙观的支配下，三代的宗法性社会得到了意义解释和论证。人间的统治现象是天象的模拟物的观念成为当时普遍的认识和理解，并在大规模的、与天相关的仪式制度中得到确认与强化。

这样的知识起源，就使得中国人的思考长期处于天人命题框架之内。“天人关系问题从来就是中国古代思想家所研究的最主要的问题。”① 在中国传统思想中虽有对天人关系的不同说法，如荀子的“明天人之分”，庄子的“弊于天而不知人”，魏晋时期又以“自然”和“名教”表达相似命题，但思想界的主流大多把论证“天人合一”作为第一要务。崇尚天命的三代自不用说，而轴心时代的思想变革中也无不把天、自然作为论证的前提。孔子虽少言天命，但他是赞同天

① 汤一介：《中国传统文化中的儒释道》，中国和平出版社 1988 年版，第 1 页。

命观的(“与命与仁”）也说道“唯天为大”，之所以不对君子之仁产生质疑，乃是因为“大人”、“圣人之言”与“天命”一样是令人敬畏的、不容质疑和必须服从的。最早提出完整意义的“天人合一”思想的是孟子，如其曰：“尽其心者，知其性也：知其性，则知天矣”；“夫君子所过者化，所存者神，上下与天地同流”。把天和人看作一个整体来理解人事。荀子虽讲“明天人之分”，而其根本在于“制天命而用之”。把人的地位提高到与天、地并列，而天地知识可以被用以参悟人事仍是暗含于其中的信仰。“天有其时，地有其财，人有其治，夫是谓之能参。”道家的老子主张“人法地，地法天，天法道，道法自然”，庄周也说“天地与我并生，万物与我为一”，而“至人”更可“与天地精神相往来”。汉儒董仲舒更是建立了一套天人感应的完备理论体系。① 至于之后的思想史中，天人关系仍是重要课题，宋明理学就是在天人合一的思维中完善“内圣”学说的。朱熹有云“天即人，人即天。人之始生，得之于天也。既生此人，则天又在人矣。”其意思是说，人和人类社会确是由天而有，因天而生，但既然有人及人事行为，那么天道将由人承载体现。而能完全实现天道者，朱子也认为唯圣人耳。陆王心学也有诸如“宇宙内事是己分内事，己分内事是宇宙内事”、“心无体，以天地万物感应为一体”之类的结论，认为天人合一的依据在于大人之心；王夫之则以气来解释天人之道的同一。因为“天人之蕴，一气而已”，所以“道一也，在天则为天道，在人则为人道”。正是在天和人作为知识信仰的前见作用之下，国人形成了特殊的价值观、认识论和实践论，而区别于西方人的由理性、主客体等范畴构筑的哲学系统。

这一套在早期中国所形成的天人相应的秩序观念，作为前知识系统深刻地影响着后来中国人对政治秩序的理解和设计。与西方文化中彼岸性的宗教以及超越性的自然法不一样，中国“天人合一是一个哲学命题，同时也是一个社会历史命题。……天人合一的社会历史内

① 参见余治平：《唯天为大：建基于信念本体的董仲舒哲学研究》，商务印书馆2003年版。

容是等级制度和王权主义"① 正是因为中国人群始终认为理想的社会秩序会因天人关系降临于人间，因而形成的是一套关于政治的人治逻辑，即将政治秩序的控制和实现，寄望于沟通天人、体认天道的圣人身上。

另外，这种影响也表现在思维方式和具体结论上。在诸子对人道现象的理解和论证的思维过程中，大量的设喻、类比即是天人思维方式的明证，也得出一些对政治法律有影响的结论。譬如，正是因为自然领域有天地之别，所以伦理现象中有父母，政治现象有帝后；天地有中央四方，政治有中央藩属、华夷之辨；天地有四季四时，政治有历法四政。再譬如，具体行为规则要求中也有表现。如儒家在解释"卑亲属尽孝"的人事行为规则时，往往会使用"乌鸦反哺"的自然现象来设喻论证。

当然，在传统中国的具体政治实践中，自然能看到天人感应的知识信仰所带来的重大影响。小至圣旨奏折、服装饮食，大到城市宫殿、祭天封禅，其中皆蕴含着中国人对天人关系的考虑。因为其中内容与后面的章节存有重合，故在此不复赘言。

第二节　思想史中的话语构建

上节主要论及了早期中国语境下所形成的对政治的一般看法。即在特定的农业文明环境下，中国早期政治与频繁的战争和祭祀性的宗教信仰有着密不可分的关系。当然，由于上古史的研究材料在使用上存在着局限，上古时期中国人有没有形成系统性的政权观念，从而产生明确的解释和论证政治现象的思想话语，我们不得而知。而且，学术界通说认为自夏启继位之后，中国进入了国家时代。所以，关于古代中国明确谈论政治人道的合法性话语，本书界定为自三代伊始，研究也由此展开。此后数千年中，思想家在对"天"、"祖"、"命"、"理"、"德"、"性"等词语范畴的使用论述中，构建起一套理解政

① 刘泽华：《中国的王权主义》，上海人民出版社2000年版，第400页。

治的意义系统。稳定的合法性话语是中国人理解和服从政治权力的前提，而现实政权也必须在具体的政治现象中通过合法化过程彰显这种合法性，以期获得令人们自觉服从的权威。

作为体系化的意义系统，主要是思想家以阶段性、派别性学说的方式表现出来，所以，此节重在考察各个历史阶段中重要思想家、门派对于政治现象的理解和意义构建。在他们的学说中，可以找到用以论证和解释现实政权的合法性话语。当然，思想家的学说与具体时代和知识背景是分不开的。在特定历史语境中，他们形成了对于政治的基本观点和看法，为中国人理解和评价政治现象贡献着自己的智慧。

一、原始天命观与政治想象

张光直先生指出："夏商周三代的统治具有强烈的巫术色彩，统治者通过对天地人神沟通手段的独占，垄断与上天和祖先的交通，得以取得政治权威。"① 这是典型的政教合一的神权政治。根据第一节分析，它与上古时代的酋邦—国家演进方式有关，是上古之风在三代的留存表现。频繁的祭祖祀天的宗教活动所衍生出来的原始天命观，集中体现了当时中国初民们对政治的看法，并据此形成对三代宗法性社会结构和制度的合理解释。

古语中，命、令是互通的。据傅斯年先生在《性命古训辩证》②一文所考，甲骨文中令、命不分，均写作令。就字形而言，像古代发号施令的场所，或像一人屈身引领受命之状。"命"字当在西周中叶出现，乃令字之旁多一口字而形成。《说文》以"使也"释命，而《白虎通·寿命》云："命者何谓也？人之寿也。天命已使生者也。"从这些字义中看，"命"字倘若放于政治领域，大体能涵盖表示支配和命令的政治行为，以及据此而定的政权存续现象。

① 张光直：《美术、神话与祭祀》，辽宁教育出版社 1988 年版，第 279 页。

② 参见傅斯年：《性命古训辩证》，载刘梦溪主编：《中国现代学术经典·傅斯年卷》，河北教育出版社 1996 年版。

原始天命论认为整个世界的主宰者是天命。上天不仅主宰着自然界，而且主宰人类社会。当政治现象来自于上天、上帝的支配和命令的时候，谓之“天命”，上天所授予人和政权的命，称之为“受命”。例如，政权因天命发生更替。汤代夏桀乃是“有夏多罪，天命殛之”，“夏氏有罪，予畏上帝，不敢不正”①。周朝统治者也以天命天罚来解释“受天有大命”的原因。“非我小国敢戈殷命，惟天不畀”，上天不愿意保佑殷商政权，故而“我乃明致天罚”②。政权延续在于“我非敢勤，惟恭奉币，用能祈天永命。”③ 在具体政治实施中，天命观也有表现。如三代统治经常会以占卜、祭祀去获知天命天令。武丁卜辞中就有“贞帝于令”、“贞于受命匄”的记载。又如周王以“予亦致天之罚于尔躬”的政治语言，发布对殷的战争动员令。

那么，决定政治的“天”又是什么呢？翻阅三代时期的文字材料，“天”字随处可见，大体是表示最高神格的一个范畴。三代时期，多神论的原始信仰已经随着现实战争状态的结束和秩序的初步统一而进入到一神论，“最高一神之观念已经确立，其神名之曰天曰上帝。”④ 具体而言，天和帝两个范畴略有不同。“称其体则曰天，称其德者则曰帝。”⑤ 且出现的时间还不一样。学术界通说认为，“帝”先于“天”而产生，是殷人祭祀系统中的最高神⑥。而“天”这个

① 《尚书·汤誓》。

② 《尚书·多士》。

③ 《尚书·洛诰》。

④ 梁启超：《先秦政治思想史》，东方出版社1996年版，第23页。

⑤ 杨东莼：《中国学术史讲话》，江苏教育出版社2005年版，第7页。故而孔颖达有云：“据其在上之体谓之天，天为体称，故《说文》云：‘天，颠也。’因其生育之功谓之帝，帝为德称也，故《毛诗传》云：‘审谛如帝。’”（《礼记·郊特牲疏》）。

⑥ 从这两个字在殷周卜辞中的使用频率就可以看出来。陈梦家在其著作《殷虚卜辞综述》中就曾指出“天”之观念是周人提出来的。郭沫若也说道：“卜辞称至上神为帝，为上帝，但决不曾称之为天。”可参见欧阳祯人：《先秦儒家性情思想研究》，武汉大学出版社2005年版，第7～38页。

范畴，渊源于殷人的上帝观念，是周人对具有生育意味较浓厚的天命观念的自觉改造，与周克殷的历史语境有关。

因此，在三代其实有两套天命观。一为殷人的天命不可改变之说。认为殷人祖先之所以取得政权，全在天命。政权的维持关键在于人们可以通过祭祀行为沟通上天、格知天意。其中祖先神因其与至上神帝的亲密关系而成为最主要的祭祀对象。政治按照天命展开，一切政治行为因天命而成为正当。殷人相信天命专属一姓，一旦天命下降，则不会改变。《尚书·西伯勘黎》里曾讲到商纣王在面对敌情汇报时，以“呜呼！我生不有命在天?”的反问，再三强调自己为天命所归，自然会得到上天庇佑。而周人在解释小邦周胜利原因的时候，为了突破旧有天命观的约束而使自身获得合法性论证，有意识地以“天”取代“帝”的至上神地位。正因为天不独属于一家一姓，“天命靡常”，但天“唯德是辅”，所以以“敬天”与“保民”为第一要务的周代获得天命。这种论证是历史现实的需要。“周人以蕞尔小国，国力远逊于商，居然在牧野一战而克商。周人一方面对如此成果有不可思议的感觉，必须以上帝所命为解，另一方面又必须说明商人独有的上帝居然会放弃对商的护佑，势须另据血缘及族群关系以外的理由，以说明周之膺受天命。于是上帝赐周以天命，是由于商人失德，而周人的行为却使周人中选了。”①通过词汇含义的变化，扩张了传统天命论的解释能力，开创出天命的德配观念。

其实，就信仰实质来看，周人的“天”，与“帝”的观念并无区别。“事实上，在许多文献中二者是等同的，或可以互换的，很难明确分别。商周世界观的根本区别，是商人对‘帝’或‘天’的信仰中并无伦理的内容在其中，总体上还不能达到伦理宗教的水平。而周人的理解中，‘天’与‘天命’已经有了确定的道德内涵，这种道德内涵是以‘敬德’和‘保民’为主要特征的。天的神性的渐趋淡化和‘人’与‘民’的相对于‘神’的地位的上升，是周代思想发展

① 许倬云：《西周史》（增订本），三联书店 1994 年版，第 101～102 页。

的方向。"① 这种"伦理宗教"的德配天命观，使得中国人开始从神灵信仰的笼罩中，重新审视政权合法性问题，思考政权存续的内涵和人们服从的真正理由，并以此界定国家职能、制定国策方针。尽管它仍带有着传统宗教信仰的成分。

总之，在三代时期，人们认为整个世界的主宰者是"天"，他是自然秩序和人间秩序的本原。通过"天"与三代语境中其他范畴——如五行、时、祖、天子、民、正、德、刑等——的连接，殷人和周人基本上已经形成了对于秩序的独特理解，在思维中构建了一个以"天"为核心范畴的话语体系。

第一，这套话语体系是以上古时期所形成的有关天地秩序的信仰知识作为思考前提的。

就思维框架而言，天道和人事之间的意义联系，应该是基于早期农业社会中初民的体会经验。他们意识到自然本身，与农业生产、与个人家族生存之间有着不可割裂的联系，并在其间建立起神秘的感应；在具体的信仰结论中，如将"大"、"生"等范畴作为天本质属性的表达，很显然是缘于对具体经验世界的观察与感悟。早期农业社会和天地自然中的生长现象正是这种体悟的源泉。而自然季节的变化，以及农时与农事之间的关系，则可能影响着时间观念的形成。这些都以一种无需证明的认识前提出现在天话语的论证之中。对诸如现实存在的四方方位、风雨雷电的自然现象等的理解和知识，也都成为话语构建中的一种知识前见。

第二，这套知识意义系统主要是用以解释三代的政治现象，其基本论说层次如下：

（1）天是自然秩序和人世秩序的根源。其最主要的功能在于化育万物万民，在于生养。如"天生民，而树之君"（《左传》）、"天生烝民，有物有则"（《烝民》）。

（2）天因其内在属性（阴阳、五行）而形成一定的秩序（天秩、

① 陈来：《古代宗教与伦理——儒家思想的根源》，三联书店 1996 年版，第 168 页。

天则)，存在着中央四方以及五纪（岁、月、星、辰、历数）的时空结构。这种结构，与人世秩序的结构存在着对应关系。

（3）天加于人世现象的意志称之为“天命”，是政治现象的最高授权者与监督者。“皇矣上帝，临下有赫。监观四方，求民之莫。”（《皇矣》）他可以通过特殊的人神沟通方式①感知人事活动，并利用征兆表达自己对人间事务的看法，行奖惩之权。如对殷人丧失政治统治权的历史现象，当时的文献就是用天命观进行解释的：殷人正是因为乱用酒德，所产生的酒腥、刑腥为天所闻，故而招致天罚，早坠厥命。而政权更替、天命转移之时，确有征兆表现，“昔武王伐纣，岁在鹑火，月在天驷，日在析木之津，辰在斗柄，星在天鼋”。②

（4）人间政治的组织核心是天的儿子，称之为“天子”、“元子”、“王”。如“有王虽小，元子哉”（《尚书·召诰》）、“天子作民父母，以为天下王”（《洪范》）。由于这种虚拟的血缘关系，所以天子享有对天的独祭权，在祭祀中通过“德”③ 和“报”显示自身对天意的服从与感知，是获得天佑、延长政治命运的必要基础。《尚书·召诰》中召公解释夏商天命“不其延”的主要原因“惟不敬厥德”，并以“王其德之用，祈天永命”总结了当时的政治经验，告诫“惟王其疾敬德。”

（5）天子受天命来组织政治，其主要目的在于做民之父母，代天行使生民、养民和保民的职责。很显然，政治的价值是依附于最高实体之天的，即“天唯民是保”。民意是判断政权是否具备正当性的重要标准，因为“天聪明，自我民聪明；天明威，自我民明威”。当

① 在三代时期，这种沟通主要是发生在祭祀场合，与之相关联的主要词汇范畴有“德”、“闻”、“报”等。

② 《国语·周语下》。

③ 《尚书·大禹谟》就提到打动天的主要方式是“惟德动天”、“至诚感神”。关于“德”范畴的研究可参见陈晓枫：《中国法律文化研究》，河南人民出版社 1993 年版。指的是祭祀场合中所必须遵从的行为规则与伦理情感。另见程平源：《对殷周之变的再探讨：以殷周“德”义变迁为线索》，载《江苏社会科学》2005 年第 3 期。

天子没有妥善地履行职责的时候，天会本于民意、根据时机，先以征兆警示之；倘若不改，最终天会收回天命，改厥元子。这种民本观成为三代时期特别是周朝以来，用以解释政权更替现象的主要话语。如《尚书·泰誓》对殷商变命就是这么解释的。“今商王受弗敬上天，降灾下民，……皇天震怒，命我文考，肃将天威，……天佑下民，作之君，作之师，……天矜于民，民之所欲，天必从之。”

（6）天子因天命行使权力，必须顺帝之则。如因“天叙有典”、“天秩有礼”，则形成天子、诸侯、四方的礼制秩序与规则（五典五礼）；又如“天命有德，五服五章哉；天讨有罚，五刑五用哉。”（《皋陶谟》）王据此可以针对不同人群采取不同的控制手段，其价值取向是“敬德慎罚”，特别是在对刑罚的运用上，要特别慎重，敬刑用中罚。

第三，在这一套话语中，基本上解释了政治的所有现象问题，包括对政权现象的性质以及国家权力的起源、消亡的认识、政治职能的理解、权力分配组织问题以及控制运行等基本问题。

在对待政权现象性质问题上，殷周人以天命观解释政权权力的起源与消亡问题。从根本上说，政治权力归属于天，但实际上则归属于天子；政治的内涵，在于“正”，以人事行为对最高天道的模仿和效行。即天子因袭祖宗血缘而具有先天德性能力，并以此感悟天道，获知天命，代替上天行治民养民之责。一方面强调了王权在政治组织过程中的核心原则，而民则被排除于政治之外，民仅是政治统治的对象，而不能参与政治决策和权力安排；另一方面，也解释了先民对国家基本职能的认识，大体就是以农业经济政策为核心的“生民养民”职能、以德行为教化目标的“教民”职能以及以刑罚和战争讨伐为表现的“保民”职能。小民对于政权的重要性也是在这样的话语理解中确立下来的。而政权的结束、权力的消亡和界限问题上，政治权力因天命而成为王的专有物，它也像天一样没有具体界定，靠王依靠特殊能力来把握。其合法性主要通过王的德性在特定时间里所发生的天人沟通现象来证明；同时，以“养民和保民”为内涵的天道目的又成为政权权力应有的内在价值，论证和挑战着现实政权的合法性。

在一般政治过程中，民意以上天征兆来说明，督促王以自我内省、改善德行的方式，调和双方的现实矛盾，缓解政权所面临的合法性危机；而如果因政权极度腐败而导致改朝换代，那么，这种政权更替现象则会被解释成为“顺天应民”的“革命”结果，是天道往复的必然规律。

另外，三代时期的权力配置体系与规则也是在这套话语中得到理解和说明的。如以德、礼为主干、强调等级性的宗法制是主要的权力配置原则，形成了中央组织的一王三公制和纵向的权力分封制度。又如，在国家权力的运行中，强调教化与刑罚的德刑两种控制模式，其运行规则基本上是受到时空观所带来的阴阳运动规则和时机权衡观念的影响。

其中，表现这样的政治想象比较明显的思想材料就是《洪范》①了。它充分地表达了天与政制之间的关系。“我闻在昔，鲧堙洪水，汩陈其五行，帝乃震怒，不畀洪范九畴，彝伦攸斁。鲧则殛死，禹乃代兴。天乃锡禹洪范九畴，彝伦攸叙。”“洪范”有天子用以治国的大法之意，而“九畴”乃是古人所认为的九项影响政治的要素，分别为五行、五事、农用八政、五纪、皇极、三德、稽疑、庶征和五福六极。从上天赐予的、促进国家大治的“洪范九畴”中，即可看出在当时流行的天人合一思路下所形成的基本政治观念。（1）五行指的是自然界的五种物质，天道就在金木水火土五大元素中演化，它是秩序的起点。《洪范》里的五事、五征、五福与之对应，构成了特殊的人道对应天道的知识系统。②（2）五事即貌、言、视、听、思。孔颖达解释为“在天为五行，在人为五事”，是人君获得德行必须注意的事项。（3）农政交待的是以农业生产为核心八种政治事项，即食、货、祀、司空、司徒、司寇、宾、师。其中顺序反映出早期农业

① 照文所说，它是殷商之际的箕子所作。通说认为不可能晚于东周，应该能表达当时人对政治的看法。

② 这种五行观在秦汉时期的学者那里得到完善。五方、五味、五声、五色、五脏、五官、五常等，无不与五行配合。

社会里人们对政治的直观性的分类排列。而代表岁、月、日、星、辰和历数的五时，乃是与农政最为紧要的天时。（4）皇极居于九畴之中心。可以看出，连接天道和人道的关键枢纽在于天子，“天子作民父母，以为天下王”，天将正人道的任务交给自己的儿子。政治权力以王展开，“是彝是训，于帝其训”，人们服从既中且平、无偏正直的王道。（5）三德和稽疑讲的都是天子治理国家的具体政治方法。一种是以正直、刚克和柔克为内容的控制手段。结合当时阴阳观信仰，可以看出国家权力的运行规则是仿效天道的，依具体情境和时机来由王权衡操纵：“强弗友，刚克；燮友，柔克；沉潜，刚克；高明，柔克。”另外一种就是占卜。在那个敬天事鬼的时代，占卜天命既能为权力行使披上合法性外衣，又是政权权力行使的依据。（6）庶征是天象的表现（雨、旸、燠、寒、风）。此为天道与人事的配合。人事合时于天，会形成休征，如时雨、时风等；若人事行为不顺天，天则会有相反的“咎征”①，征兆为恒雨、恒风等。（7）五福六极指的是人事行为的最终结果，是天的赏罚。可以看出，《洪范·九畴》向我们展现了一个以天、自然为论证、以天人交感为机制、以有德之王为核心的神权政治体系。

二、人性与天命：先秦诸子的学术通见

既然天命观与三代政治有着密不可分的关系，那么，当周代宗法礼制日趋衰微，礼乐征伐不再“自天子出”而是“自诸侯出”的时候，就会出现很多反天命的言论。如“天不可信”（《尚书·君奭》）、“昊天不惠”、“昊天不平”（《诗·小雅·节南山》）、“天命不彻”（《诗·小雅·十月之交》）、“浩浩昊天，不骏其德”（《诗·小雅·雨无正》），都是批评天的不公平、不守信、不道德。这种对原始天命观的怀疑与否定，源自于对现实政治秩序的思考。居位者未必有德、八佾舞于庭，种种王纲解纽、礼崩乐坏的政治现象迫使着人们

① 行文到此处，想起了一个人事上的词语：“引咎辞职”。词语中内涵的文化性能窥见一斑。

对现实秩序进行解释，同时也为秩序的恢复和重建进行智识上的努力。

儒家的政治伦理学说承接上古以来的文化传统，主张的是内圣外王的王道政治。孔子以为现实秩序的混乱，在于对真正的礼制的误解和扭曲，“是仪也，非礼也。”人（特别是君主）可以从“孝悌”的血缘之情发展出来“泛爱众”的道德自觉，在克己复礼的君子践成过程中，复归到黄金时代的礼制。孟子主要从性善论①完善了政治实现的形上基础，发展了儒学讲求内圣的心学理路。而荀子站在“人之性恶，其善伪也”② 的人性判断上，在吸纳了战国以来的法制主义思想传统的基础上，主张以礼、法并行的统治艺术（“君道”③）来实现良好的社会秩序。

墨家用夏学，一方面以天志、明鬼的宗教意志论重建政权的权威，另一方面把“兼相爱、交相利”作为政治逻辑，主张建立以天子“一同天下义”④ 的集权政治，结束当时混乱的社会局面。道家的政治理想表现在它的形上哲学中。通过新宇宙论⑤的建立，老子以天道的朴素批判了现实秩序，认为秩序的恢复在于圣人仿行天道实施“无为而治”。最讲究权力控制的法家，相信以法、术、势为手段的外在规则体系，是重建王道的关键。三者“不可一无，皆帝王之具

---

① 人性有善端，即“恻隐之心”、“羞恶之心”、“辞让之心”、“是非之心”。四端对应着仁、义、礼、智四种善德。将这些心性加以理智的推延，“善推其行为”，比如“老吾老以及人之老，幼吾幼以及人之幼”，进而“举斯心加诸彼”，扩大到整个社会，就可以形成新的社会秩序，改变混乱的状态。参见《孟子·告子上》，《十三经注疏》中华书局1980年版，第2749页。

② 《荀子集解》卷十七。

③ 《君道》有云：“道者何也？曰：君道也。君道何也？曰：能君也。能君何也？曰：善生养人者也，善班治人者也。”参见《荀子集解》卷八。

④ 《墨子·尚同》。

⑤ 这种道的宇宙论实质上是传统天学的哲学化。仍然是生殖性的生成论，如道是由“无”开“有”然后复归“无”的混沌自然，“道生一，一生二，二生三，三生万物”；仍然是自然阴阳的运动论，“反者，道之动；弱者，道之用”；仍然是天人交感的结构论，“人法地，地法天，天法道，道法自然”。

也。”可见，法家并没有把秩序奠基于稳定的规则上，而仍寄托于圣王对控制手段的具体把握。

从上述分析会发现一个令人惊讶的思想史现象：“各家各派，除少数的人，如农家曾悄悄地向君主制提出疑问和挑战外，几乎都把君主制度作为当然的理论前提来对待。”① 以王作为理想政治秩序的组织核心，成为诸子们的共识。对王的论说，成为理解和论证政治秩序的主要合法性话语。

第一，自然天命观的论说。春秋战国并不意味着思想信仰的完全断裂，神秘的天命观念在当时仍十分流行②，与此相连的君权神授观还有很大的影响。如《荀子·王制》说：“天地者，生之始也……君臣……与天地同理，与万世同久。”《管子·形势解》也说道：“天覆万物，制寒暑，行日月，次星辰，天之常也；治之以理，终而复始，主牧万民，治天下，莅百官，主之常也。”正是由于君主与天地自然的对应，而成为人间至上的权威。当然，在诸子新发展出来的本体性范畴如道、气者，它们也与君有着对应关系，可以解释圣王和政治的产生。如老子曾说天下有四大，“道大、天大、地大、王亦大。”以道、天、地、人的结构类比来彰显尊君之心。《韩非子·扬权》云：“道不同于万物，德不同于阴阳，衡不同于轻重，绳不同于出入，和不同于燥湿，君不同于群臣。凡此六者，道之出也。”以道对万物的超越来说明君主对于群臣的至上。有些思想家认为气势本根，气又寓于万物之中，圣人是精气密集的结果。“凡物之精，此则为生，下生五谷，上为列星，流于天地之间，谓之鬼神。藏于胸中，谓之圣人。”③

理想秩序在于圣人法天合德。孔子以“巍巍乎，唯天为大，唯

① 刘泽华：《中国的王权主义》，上海人民出版社2000年版，第114页。

② 参见刘丽文：《论〈左传〉“天德合一”的天命观》，载《求是学刊》2000年第5期。文中列举了《左传》里很多天命的例证。

③ 《管子·内业》。

尧则之”① 的评论谈及这样的看法。荀子也说圣王组织政治秩序，在于“上察于天，下错于地，塞备天地之间，加施万物之上。”②《易·系辞上》也有“法象莫大乎天地”的断语。《文言》讲：“夫大人者，与天地合其德，与日月合其明，与四时合其序。”法家也有此结论，如《管子》有云：“法天合德，象地无亲，参于日月，佐于四时。”政治关键是“明主法象天道”。墨子也讲过“圣人之德盖总乎天地者也”。③ 道家的“法自然”更是讲究人事与自然的和谐与效仿。人的行为规范和道德准则源自于天地之德，具有先天的正当性。圣王的政治就在于推行这种德行，完成治天下的任务。

第二，人心德性的论说。政治是圣王的使命，其主要内容在于以生民、养民为目的的经济政策，以及以治乱、保民为目的的秩序维持。能够达成政治的主要原因是圣王可以通过对客观环境和人心人欲人情的具体把握，认识到治乱的必然之理。这种民本话语其实和三代以天人沟通体悟天道民心的政治生成观念是一致的。它的伸张与当时的历史情境不无关系。各国在历史舞台上的角逐和竞争，使得统治者意识到民众的归服对于自身政权安危的重要性。民本观念支配的政治策略和措施成为当时统治者在危机下产生的普遍共识。对人心人性的思考，成为先秦诸子解释和论证政权合理性的又一种方式。

天地是一个自然过程，人可以加入其中，所进行的活动谓之“参”或“赞”。《中庸》说，圣人能够“赞天地之化育”。天地化育万物只有经过圣王才能变为现实，“天地生之，圣人成之”④。其原因在于“天能生物，不能辨物也；地能载人，不能治人也；宇中万物、生人之属，待圣人然后分也”。⑤ 故而“君子者，天地之参也，万物之总也，民之父母也”。⑥ 对自然万物进行参赞和裁度，其目的

① 《论语·泰伯》。
② 《荀子·王制》。
③ 《墨子·尚贤中》。
④ 《荀子·富国》。
⑤ 《荀子·礼论》。
⑥ 《荀子·王制》。

在于“天地养万物，圣人养贤以及万民”。①

裁度万物、体认天德是圣王的必然的认知能力。他可以通过尽心知性而知命知天。诸子们对人性的看法成为这种观点的主要支撑。孟子主张性善，将外在的道德规范“仁义礼智”等作为人的本质，用专制的道德理性来否定自然的感性生命，所提倡的仍是以血缘伦常为基础的亲亲政治。其人性善说的妙处就在于通过使专制道德要素内化为自我意识来实现自我专制，确认专制出于自我选择；荀子性恶说恰恰相反。人之本性是人各种感官的自然欲求，是恶行的源泉。圣人出于对人性的正确考察，可以制定“明群使分”的礼制。人群在礼的约束下“化性起伪”，成就后天的善行。道家追求“无我”、“天而不人”的人性境界，他们所支持的政治就是圣王通过自觉地对这种无我的、与天地合德的人性的认知，而展开的无为而治。所有诸子的人性观，最终统统导向了王权政治。

其中，因为王因性获命而组织政治，“性”成为政权合法性话语的一个重要范畴。据欧阳祯人在《先秦儒家性情思想研究》一书所考，“性”是一个宗教意味很浓的词语范畴。在三代和先秦时期，它往往与“姓”、“生”、“省”、“眚”等字相通，是指人之所以为人的天赋性、天生之质。后在先秦儒家的努力下，加上了后天修养之义项。就诸子的政治人性论而言，有三层含义由“性”体现。一是王获知天命的能力“性”仍然是宗教性，因生而有。“性自命出，命自天降”，王在资质和能力上先天地超越他人；二是王必须通过内心修养了解政治展开和维持的基础，即主要以民心民性民情得以表现的天命。孟子有云：“尽其心者，知其性也；知其性，则知天矣。”传统“怀保小民”的政治职能观通过“性情”范畴，而落实于王内心的修养功夫。其中比较重要的范畴有“忧”、“畏”、“恒”、“诚”等：因忧患意识而具备的使命感、因敬畏而带来的内心和行为上的节制、用“恒”、“诚”范畴论说到的道德自觉、内心反省和主观能动性。王之所以为王，在于他对必然性的认知，而必然性知识是否获得，主要从

① 《易·颐卦》。

王所作的道德修养功夫得到证明。这些词汇范畴所形成的话语是论证王德性的最重要的话语，成为合法性话语的一部分。三是通过王的德治策略，使民在示范和教化中习性、修性和成性，提高整个社会的道德水平而达到天下大治。

第三，可以看到诸子学说中出现了一些很多表示必然、规律等义项的概念范畴。如“道”、“必”、“然”、“理”、“性”等。君主对必然之理的体察、把握和遵从，是政治正当的一种表现。思想家从各自理论和不同角度出发，论证理想政治的前提是君主对规律和必然的认知与实践。《老子》云：“侯王得一以为天下贞（正）”。“一”就是老子所讲的“道”。《管子》一书中也讲“道”，“道者，诚人之姓也，非在人也。而圣王明君，善知而道之者也。”“道者，万物之要也。为人君者，执要而待之。”其书的思想影响到后来法家哲人的观点，韩非强调君主必须体道，在对自然和人事的规律充分理解的基础之上，才能统御天下。“理”也是表示必然性的概念。如《商君书·画策》说：“圣人知必然之理，必为之时势。”主张圣人开展政治的时候，要审时度势，遵循必然之理。也有思想家用“性”来表示规律之义。《吕氏春秋·贵当》说：“性者万物之本也，不可长，不可短，因其固然而然之，此天地之数也。”君主必须遵从此万物之性。

应该说，这种主张政治、人道必须遵循一定的规律的想法，反映了春秋战国时期人们对政治、对社会现实的自觉思考，是传统天命观宗教色彩弱化的必然结果。但是，必须注意的是，对于怎样获得必然规律以及如何证明这种理性认识，国人是没有严格的逻辑思考的①，基本上还是在天人框架下进行的类推和比附，“理”还是通过对自然天地万物进行感悟而总结出来的经验结论。最主要的是，轴心时代的思想家们一致地把操必然之理驾驭人道、组织政治的能力和权力交给王和圣人。这种理性垄断的结果，使得君主凌驾于臣民的等级性秩序结构就成为命题下的应有之义。

另外，还需注意阴阳家对政治的看法。阴阳家的学说很庞杂，这

① 中国人对什么是真理以及真理的获得问题，与西方人理解不同。

里只谈对政权合法性话语影响较大的运命说，典型代表即为邹衍的五德终始论。“运”一词的本义是移动、旋转。《庄子》提出“天运”这个概念，并有《天运》一篇。其中主要还是在讲自然变化和天体运行。自邹衍开始，阴阳家把自然天体的运动现象和历史王朝之变进行比附。邹衍提出“主运”概念，论说了一种旨在归纳和总结历史运动发展必然性的五德终始论。该说主要包含两方面的内容，一是历史按照五德依次循环，政治的更替要符合这种循环运命；二是相应地把政治分为五种类型。五德终始说影响极大，成为战国后期和秦汉魏晋南北朝时期的不移之论。东汉班固作《王命论》，专门论述帝王之“运世”。傅干作《王命叙》，论述了功业与天命、运命的关系，“虽有威力，非天命不授；虽有运命，非功烈不章。”可见，运命说其实是天命和德配以及五德终始的杂糅。它较之德配说，进一步解释了政权更替问题，历史之变的不可抗拒，使得政权必然会有始有终。邹衍试图把历史之变、天命转移、政权兴衰都纳入一个人为构建的历史发展模式之中。

在主张此说的学者看来，承担和体现运命者仍是君主本人。三国李康作《运命论》有云：“夫治乱，运也；穷达，命也；贵贱，时也。故运之将隆，必生圣明之君。”《文选》中也有道：“运，谓五德更运，帝王所禀以生也。”“运命”实质上就是讲帝王获得政权是顺应历史运动规律，是一种论证政权正当的话语。古代中国历史上的王朝，在谈论政权更替、论证自身合法性的时候，往往会把自身获得政权的事实说成是应运而生、奉天承运。“夏殷承运，周氏应期”①，“汉承尧运”②，晋“太祖承运，神武应期”③，北魏拓跋弘也把自己的统治归之于运：“朕承洪运，运属太平”④。

---

① 《晋书·律历志》。

② 《汉书·高帝纪》。

③ 《晋书·孙楚传》。

④ 《魏书·显祖纪》。

三、董子与天人感应政治观的强化

秦以强力鞭策于天下，建立了统一的中央集权制国家。始皇帝虽有借助天命支撑政权，但残酷严苛的法治推行，对民众生活破坏剧烈，瓦解了农业社会的基本生产单位，遂烽火肆起，秦二世速亡。汉初休养生息，亦度过内部危机，及武帝登基之时，国家富裕，秩序稳定，急需在观念人心上，通过对过去政治经验的总结整合理论，以兹作为政治推行的指导方向。大儒董仲舒以天人三策赢得武帝欣赏，最终儒术独尊，古代中国确立了以儒家思想为核心的国家意识形态。在董子学说中，可以清楚地看到利用阴阳五行和天人感应等理论，构建政治现象的意义，其目的在于通过“屈民而伸君，屈君而伸天”的天命观的重建，来维持稳定的政治秩序。

（1）作为知识基础的儒学宇宙观。受到殷周传统知识路径的影响，儒家仍然是从天地秩序中发展去人间秩序的合理性。

首先，“天”的中心与本原是“元”，“元犹原也，其义以随天始终也”。① 它是社会政治合理性的本原和依据，“以元之深，正天之端，以天之端，正王之政，以王之政，正诸侯之位，五者俱正而化大行”。② 同时，“天”也是人之所以为人的依据。“人之形体，化天数而成，人之血气，化天志而仁，人之德行，化天理而义，人之好恶，化天之暖清，人之喜怒，化天之寒暑，人之受命，化天之四时”③，天的种种特质、表征都能在人身上找到。这些观念构成古代“天人感应”观的基础，成为中国政治哲学的依据。

其次，天“分阴阳，判为四时，列为五行”④。阴、阳依季节和方法，循环往复。阴阳又与善恶、刑德相配，人有善有恶，而政治也以刑、德并用。阴阳还与四季相配，四季又与五行相对。这样，传统

---

① 《春秋繁露》卷六《重政第十三》，第 779 页。

② 《春秋繁露》卷六《二端第十五》，第 780 页。

③ 《春秋繁露》卷十一《为人者天第四十一》，第 793 页。

④ 《春秋繁露》卷十二《阴阳始终第四十八》，第 795 页。

形成的阴阳五行数术被引申到社会治理中的策略与方式、人伦道德中的行为与规范中去，甚至成为观察、评价一切事物与现象的根据。董仲舒提出“五行比相生而间相胜”的理论，以木、火、土、金、水为序产生相生相克的关系。“比相生”是指木生火，火生土，土生金，金生水，水生木的循环相生关系，而“间相胜”指木克土，土克水，水克火，火克金，金克木的循环相克关系。他用此说发展出来的“五运说”解释了政权更替的现象。夏为木运，商为金运，金克木，所以商取代夏。周为火运，火克金，因此周代商。秦承水运，水克火，所以能取代周。而最终落脚于对汉代取秦当权的论证和解释。汉承土运，土克水，因此取代了水运的秦朝。他还强调五行中“土”的地位，以“土者，五行之主也”、“五行莫贵于土”的结论，来强化本朝统治的正当。

再次，以“天”为核心的宇宙观还包括对时间维度的认识。除宇宙中的自然法则之外，历史影像也是人间秩序合理性的依据，这也就形成了中国人喜欢在历史中寻找合理性依据的习惯。“《春秋》之道，奉天而法古”①，儒家宣扬“视前世已行之事，以观天下相与之际”②。典籍教学成为儒家知识的重要来源，在他们看来，上古帝王的道德故事，三代改正朔、易服色的传说，近代弑君之国的教训，以及想象中传统的制度、礼仪和规范，都具有深刻的垂范与警示意味。这种以稽古来论证合理性的思路成为一种思维定势，影响了后人的思考方式。

（2）作为秩序形成起点的人性观。如果人单是天地结构的反映，那么“人生于天地，天地无为，人禀天性者，亦当无为，而有为何也”③？董仲舒针对这个问题作了巧妙的设计与解释。他在传统对人性的描述中加了一个“性”的范畴，认为“生”、“性”、“情”存在着区别。人的生命是“生”，是上天赋予的，“为生不能为人，为人

① 《春秋繁露》卷一《楚庄王第一》。

② 《天人三策》。

③ 王充：《论衡》。

者天也”；“情”是人的欲望，而最终确立人所以为人的范畴则是“性”，人不仅有先天的本性，还需要后天的修养。在他看来，与“天”有阴有阳一样，人生来也是“仁贪之气，两在于身”。这种人性有善有恶的人性观必然导致教育、管理是秩序形成之本的思想理路。

（3）统治权力的合法性论证：与西方合法型统治不同，古代中国的统治秩序更类似于韦伯所说的“克里斯玛”（chrisma）式统治，即统治建立于“一个人以及由他所默示和创立的制度的神圣性”之上①。在中国政治生活中，克里斯玛就是君主，他们掌握的国家权力获得了儒家学说的支持。儒家认为君主是上天在人间的代表，他“法天而行道”，运用世俗权力与权威表达天意，实现人间秩序与宇宙秩序的同构和谐。因此，君主必须掌握某种神秘的、至上性的、能够通天彻地的权力，“王者，以一贯三，上通天，下彻地，中理人”②；他必须是能够知晓天意、预测未来的圣人。“圣者，通也，道也，声也。道无所不通，明无所不照。闻声知情。与天地合德、日月合明，四时合声、鬼神合吉凶。”③ 君主顺应天命，沟通天意与人情，教育和管理人民，实现和谐的人间秩序，“王者上谨于天意，以顺命也，下务明教化民，以成性也，正法度之宜，别上下之序，以防欲也”。④ 因此，这样的统治秩序实质是“圣人之治”，设计思路源自于“天道”在人间的推演。由于天道是唯一的，且无须论证，故君主统治的正当性也是不用论证的。君主权力是世俗权力的中心，具有不证自明的权威与效力。一切权力都是它的派生物，君主可以随时授予和收回权力。

（4）统治的方式：与宇宙的自然秩序相配合，等级制的社会被

① 参见（德）马克斯·韦伯：《经济与社会》上卷，林荣远译，商务印书馆1997年版，第241页。

② 《春秋繁露》卷十一《王道通三第四十四》，第794页。

③ 《白虎通·圣人》

④ 《汉书·董仲舒传》。

认为是合理的社会秩序。这种等级制秩序以天子为中心，臣民关系、中央与地方关系皆以三纲六纪原则确立，统治方式与原则是“人事取法五行”，用儒家总结的与天地自然法则相匹配的原则与规范管理社会。如在儒家的论证中，“父死子继”的合理性来自自然界的“木终火王”，“子顺父，妻顺夫，臣顺君”的宇宙依据是“地顺天”，而“父为子隐”是效法“木之藏火”，“子为父隐”则是效法“水逃金也”。① 官僚机构的职能相互关系，也是如此论证。如木是司农，金是司徒，司农有不轨行为，司徒诛之，此之谓“金克木”。

（5）统治的限度：儒家学说中唯一可能对君主的统治权力进行制约的思想就是“天命”观，即“君主的神仙品质可以因为道德上的过失与礼仪上的差错而丧失”。② 当君主丧失与天地沟通、知晓天意的能力时，天将收其命，结束他的统治。然而，这种理论并未赋予人民制约与反抗现实统治秩序的权利，君权的不容置疑以及人民对它的服从是天道天命的必然体现。政权的存续，用不可预测的“天命”表示，因而现实统治秩序的合理性与正当性亦无须讨论，皆是“天命”的体现；当天革其命，旧政权被新政权所取代之后，新政权合法性的依据也就在于对旧政权不合天意的证据收集，以及新王代天革其命、替天行道的论证之中。当然，天人感应、天命的思想与“民意”思想相联系，会促使统治者关心民众的基本生活状况，有时也能对皇帝无道行为形成约束，儒家知识分子也可以借助对这些范畴的解释权，积极地参与到政治生活中去。然而，知识被意识形态化，必然成为权力的附庸，它只能在与权力的合作中获得自保和发展，而无法形成对抗和制约权力的独立力量。列文森说：“儒家不得不把皇帝当做道德的化身，但是通过那种能为皇帝加冕的道德体系，儒家在道德上对皇帝的责难则部分地掩盖了官僚们对于国家的损害，而国家又是官员们所需要的。‘天命’理论并不能保护人民，但由于它削弱了

① 参见《五行》、《白虎通疏证》，第191～198页。

② 干春松：《制度化儒家及其解体》，中国人民大学出版社2003年版，第52页。

专制权力，因此保护了士大夫，这些人在治理国家时与皇帝存在着一种合作和冲突的关系。”① 儒家设计的制约内容是微弱的，摇摆的，没有形成制度性力量，且与君主对官僚集团态度的变化密切联系。随着君主专制权力的加强，“天命”观所发挥的实际制约作用也就相当微弱与少见了。

四、两汉经学中的政治合法性观念

中国人认为知晓天命的圣人死后，关于天命的认识都藏于其著作中，是谓经书。经书的行文撰写中表达了圣人对天命的理解，从而形成了一门对经典著作进行学习和阐释的学问，是谓经学。自武帝推行“罢黜百家、独尊儒术”的学术政策之后，经学就成为传统政治的指导思想，充分地传递出国人对政治的理解和认知。

第一，以《春秋》公羊学为代表的今文经学。《春秋》公羊学是以解释《春秋》经为主要学术任务。他们相信流传下来的《春秋》系列的经典中，藏有孔子的微言大义。这些运用春秋笔法阐述出来的有关人事、政治和秩序的看法，则因为孔子乃承受天命的圣人地位②，而可以作为设计和评价政治框架和政治运行的指导思想。《春秋》公羊学是汉代的显学，董仲舒、何休等人的著作③以及官方在今文经学指导下形成的具有国家法典性质的《白虎通德论》中，皆传递了今文学对政治的理解。其主要内容有：

（1）以王为核心的政治大一统。通过对《春秋》首句“元年春王正月”的微言大义的讨论，认为王者应将政治、思想和社会习俗归于统一，通过政治的完善来推动包括天地、万物和人类在内的宇宙大系统的统一于元。受命而王的王者“必改正朔，易服色，制礼乐，

---

① （美）约瑟夫·列文森：《儒教中国及其现代命运》，郑大华、任菁译，中国社会科学出版社 2000 年版，第 233 页。

② 关于孔子被圣化的过程，可参见李冬君：《孔子圣化与儒者革命》，中国人民大学出版社 2004 年版。

③ 西汉董仲舒著有《春秋繁露》，东汉何休著有《春秋公羊解诂》。

一统于天下”①。历法、服色表现、礼乐制度、政令等政治上的统一，成为王受命展开政治的依据。这种大一统论在董仲舒的学说中得到阐释，与当时汉王室意欲加强中央集权、新王武帝希图改革的历史背景是分不开的。何休继承并发扬了董仲舒以元统田、以天统王、以王统天下的大一统思路，并从宇宙发生的角度论证政治上的王权至尊、天下一统。“一国之政，莫大于正始。故《春秋》以元之气，正天之端；以天之端，正王之政；以王之政，正诸侯之即位；以诸侯之即位，正境内之治。统者，始也，总系之辞。夫王者始受命改制，布政施教于天下，自公侯至于庶人，自山川至于草木昆虫，莫不一一系于正月，故云正始之始。”② 把天地万物统统纳入天子的政治治理之下，王实际上升成为宇宙组织的核心。这种以宇宙秩序作为论证依据的王权专制是极端的，其论说思路与传统天命观是一致的。

（2）三统论与三世说。今文经学在总结和继承前人思想如战国邹衍的“五德终始”说的基础之上，试图在对历史的阐发中建立一套古今循环的社会政治演进模式。现实政权的正当性可以在这套演进模式中，以某种人为构建的历史必然性得到论证。

三统论由董仲舒倡导，以夏商周三代的历史更替史实，阐发一种政治制度变化的规律和规则。三统是指黑统、白统和赤统，分别对应着历史上的夏、商、周三代，以及黑、白、赤的服色和子月、寅月、丑月的三正历法。以后王朝就在三统循环中进行更替。每一个新王朝，也都要按照三统论进行制度改革，包括称号、服色、正朔等。然而“今所谓新王必改制者，非改其道，非变其理”③，而是以“改制之名”来表示自己作为三统中的某一统，顺应和承接了新的天命，是一种政权合法性的论证方式。王道中的王权至上和等级纲常，是不能改变的。故董子曰“王者有改制之名，无改道之实”④。此后有些

① 《春秋繁露·三代改制》。
② 《春秋公羊解诂》。
③ 《春秋繁露·楚庄王》。
④ 《天人三策》。

王朝在统绪和具体改制内容上的说法，与三统论或有出入，但以历史理性、规律的人为构建来解释政权更替现象，成为一种比较固定的思路。论证思路背后的以君权组织政治的政治理想更是没有丝毫变化。

三世说乃源于《春秋公羊传》，大成于东汉何休。《春秋公羊传》认为孔子对鲁史的记载，可根据孔子是否亲历或是听闻，分为所见世、所闻世、所传闻世三个阶段。何休在这样的问题意识下，提出“衰乱”、“升平”、“太平”三世的进化演变模式说。据其分析，孔子通过对鲁国历史的三种不同记述方法，表明历史发展中有衰乱、升平、太平的进化规律，历史发展的最终结果是进入太平世。可以看到，他也是通过阐释圣人记载的历史，人为构建一种历史必然性，来解释社会发展和政权交替现象。

当经学中的这些代表天意、体现圣人的微言大义的理论学说，随着科举考试的推行而成为天下学子的教材和研究对象时，思想就具有了类似于权力的宰制力。数千年的历史中，以五德、三统、三世等说来论证政权合法性的言论甚多。① 统绪正闰成为合法性证明和合法化的一种必要的方式。

（3）华夷之辨。“非我族类，其心必异。”各民族之间的政治关系，一直是我国古代政治观念中的重要话题。此话题的由来可能与上古时期不同种族之间（特别是农业种族和游牧种族之间）的频繁战争有关联。战争产生了种族对立现象，产生征服与统治现象，在上古时期的天地观念的处理下，华夏民族与周边的对立或被征服少数民族的关系，被说成具有价值排序的中央—四方的政治关系。华夏居于中央，文化上和价值上高于居于四方的四夷，《尔雅》有云“诸夏，中国之诸侯也。夏，大也，言大于四夷也。”《尚书》等先秦古籍中早就有“四夷来王”、“四夷咸宾”、“四夷左衽罔不咸赖”、“蛮夷率服”、“蛮夷猾夏”等话语，显示出位居中原地区的诸夏共同体的中心优越地位与理念。② 而对应的“四夷”即东夷、西戎、北狄、南

① 参见饶宗颐：《中国史学上之正统论》，上海远东出版社 1996 年版。

② “冕服采章曰华，大国曰夏”《尚书·武成正义》。

蛮，这些词汇在汉语中都有轻蔑之意。《国语·周语》里记载到，晋侯派正卿范武子朝见周定王，定王以“肴烝之礼”相待，并解释到此为接待亲戚的规格礼节。若是戎狄来朝见，则以“全烝之礼”待之，因为戎狄“贪而不让，其血气不治，若禽兽焉”。“中国者，聪明睿智之所居也，万物财用之所聚也，圣贤之所教也，仁义之所施也，诗书礼乐之所用也，异敏技艺之所试也，远方之所观赴也，蛮夷之所义行也。”① 由于古代文化中这样的价值观念，华夷之间应存在着必然的政治关系，即重华轻夷、尊华攘夷。华夷之辨也成为一个重要的政治问题，被纳入政治家和思想家的视野中。“天下之大防二，中国、夷狄也，君子、小人也。”②

春秋战国时期，由于周王室的权力衰落和诸侯国之间的战争，使得周边少数民族能够有机可乘，破坏中原的社会秩序和礼乐文化。现实的痛苦产生了明确的“攘夷”观念，这一点从孔子在《论语·宪问》里的感叹即可看出。“管仲相桓公，霸诸侯，一匡天下，民到于今受其赐。微管仲，吾其被发左衽矣。”孔子感激管仲的政治行为所带来的安定，不然自己早已沦为“被发左衽”的蛮民。汉代也同样面临着与少数民族特别是北方匈奴之间的关系处理问题。在这个问题上，《春秋》公羊学派从维护中原礼乐文化的角度，提出了保护华夏、驱逐夷狄的尊王攘夷论和运用教化手段的以夏变夷论。他们主张“内诸夏而外蛮夷”，严辨华夷之别。对于历史中记载的攘夷事件予以高度赞扬。如《春秋公羊传》在评论鲁僖公四年齐桓公时就说到“南夷与北狄交，中国不绝若线，桓公救中国而攘夷狄，卒贴荆，以此为王者之事也。”同时，今文学家在处理华夷关系的时候，更重视文化因素。如果夷狄能够接受华夏文明，那么就进化成为华夏。反之，如果华夏国家放弃了礼乐文化，则就退化成为夷狄。《春秋公羊传》在对孔子笔下楚庄王的历史事件记载进行评论时，认为“大夫不敌君。此其称名氏以敌楚子何？不与晋，而与楚子为礼也。”原本

① 《战国策·赵策二》。

② 王夫之：《读通鉴论》，中华书局 1975 年版，第 431 页。

是南蛮国家的楚国因其在伐郑、战晋过程中的合礼行为而受到称赞，被称之为有礼讲礼的楚子；董仲舒也讨论过此事，明确指出“晋变而为夷狄，楚变而为君子，故移其辞，以从其事”。① 华夷之辨的关键在于文化程度。何休据此推想到，随着礼乐教化政策的推行，华夷差别将在太平世中消失。

攘夷和变夷，强调的是对王和以礼乐为内容的王道的遵循。所以在当时和以后的历史中，皆以攘夷作为圣王功德和尊王的一个重要理由，而成为一种论证政治合法性的话语。如“宣王能内修政事，外攘夷狄，复文武之境土”②，秦国也终因坚持“外攘夷狄，内兴功业”③ 的国策而统一中国。各个政权，都把处理好华夷之辨作为论证自身合法性的重要内容。“汉兴五世，隆在建元。外攘夷狄，内修法度”④；魏晋南北朝各个政权也无不援引先贤“拓土攘夷”的功绩来论证自己的正统地位。明代统治者也不忘宣传“乃武乃文，攘夷正华，为天下大君”⑤，明确自身政权的文化正统地位。而清朝雍正帝在面对诸多否定满族政权合法性的言论时，则引用韩愈《原道》中的话来加以回应，“中国而夷狄也，则夷狄之；夷狄而中国也，则中国之”。以类似于春秋公羊家的华夷之辨，来维持自身政权的合法性。

第二，西汉末期的古文经学⑥。自西汉中期产生、盛于西汉末期的古文经学，也创造出一套解释和评价政治的意义话语，对今文经学的政治观点作出了一定的修改。这种修改与西汉中后期政治腐败、社会混乱的现实有关，表达了学者意欲以复古思潮改革时弊的愿望。(1) 五行相生的历史演化模式。古文经学的大师刘歆（著有《春秋

---

① 《春秋繁露·竹林》。

② 《毛诗·小雅》。

③ 《史记》卷十五。

④ 《汉书·刑法志》。

⑤ 《明史》卷六十二。

⑥ 关于今文学与古文学之间的区别，可参见杨东莼：《中国学术史讲话》，江苏教育出版社 2005 年版，第 96 页。

左氏传》）用五行五德学说比附历史上的王朝更替。《汉书·律历志》引刘歆的《三统历谱》记载，伏羲氏首德始于木，炎帝为火德，黄帝为土德，少昊为金德，颛顼为水德，帝喾为木德，尧为火德，舜为土德，夏为金德，商为水德，周为木德，汉为火德。他以五行相生原理即木生火、火生土、土生金、金生水、水生木的顺序，解说了从伏羲到汉代的政权更迭历史。这种历史演化模式，更强调王朝更替的继承性，主张的是一种倒退的历史演变观。刘歆通过这种是古非今的史观的构建，要求现实的改革改良。这种话语在政治危机的时候，容易出现。（2）古文经学不同意圣人无父感天而生的观点，坚持认为圣人有父，历代帝王应来自于共同的贵族世系。《三统历谱》中提炼出一个帝王世系，“伏羲为圣王始祖，为百王先”，帝王权力的依据成为祖先，只有出生于伏羲的圣王世家的人才有资格称帝。（3）政权可以禅让的方式转移。古文经学提出禅让说，实质上在汉朝秩序稳定之时，对古代和今文经学中的革命观的一种放弃。任何已获得政权的统治者，都不愿意接受革命观。① 古文经学希图以禅让的和平方案转移政权，以避免发生激烈的社会动荡。据《春秋左氏传》记载，汉王室的刘姓渊源于古代的陶唐氏，即帝尧。这是刘邦之所以能以平民之身登基做皇帝的依据，是古文经学家以圣王有父的思路，为汉朝政权所虚构的合法性论证。而在西汉末年，刘歆本想以尧不传位于子而传位于舜的历史，来推行禅让的权力变更方案。哪想被王莽所利用。莽自称是舜帝后人，历史上有尧禅让舜的典范，故而作为尧的后人汉朝皇帝，让位于舜之后人莽，自然是天经地义。古文经学的学说结论成为了王莽篡汉自立的合法性证明。

以反映上古政治生活的五经为基本文本、以儒家学派的注解为思考方式、以王道为政治想象的两汉经学，虽然存在着复杂的门派之别，也于魏晋南北朝时期受到了佛、道二教的冲击，但其居于官方统

---

① 这一点从汉景帝在倾听辕固生于黄生争论革命之时，所发表的评论即可看出。“言学者无言汤、武受命，不为愚。”（《史记·儒林列传》）宣帝时期的《春秋谷梁传》中已经放弃了革命说。

治思想的地位始终没有动摇，对两汉至唐末的政治起到了指导作用。它们在构建政治意义系统的过程中所得出的结论，对古代中国政权合法性论证也有着深远影响。

五、宋明理学中的王道政治

从上可知，汉代思想家为现实政治提供的依据仍然是天、天命，天被描述成能够赏善罚恶的神，天人关系是政治哲学的核心问题。但是，随着人们对于自然的认识能力的提高，这种天人感应神学理论不足以解释现实政治，疑天思潮①亦有发展。现实政治的腐败和秩序混乱，也从一定程度上瓦解着这种神权政治基础。经学走上复古的道路，开始从五经的再解释中，构建一种符合思维规律②的历史必然性，为现实王政提供历史性根据。魏晋时期的动荡，让思想家始终在“自然”和“名教”的关系上作文章，唐朝则追求以儒、释、道混合的意识形态，来维护以纲常名教为中心的政治价值体系。

中唐以降，中国封建社会的经济、政治结构发生巨大变化。中央集权制度的加强、土地租佃制的确立等，都要求政治意识形态相应变化。传统经学也受到挑战。中唐的啖助、赵匡等学者就开始怀疑经书注解的正确性。北宋时期的学者们，也有人对经书本身产生怀疑。在对经书的研究上，重视义理的发挥，而不讲究字句和典章制度的考证。南宋的陆九渊甚至提出“六经当注我，我何注六经?”③ 在会通了佛、道二学的新的儒学思想体系中，政治秩序与政治现象得到义理上的解释。

（1）政治权力的依据在于理。在宋明理学的思想体系中，理是标志宇宙万物的普遍规律的关系性范畴，它是天与人、自然与名教共

① 最典型者如王充。他是反对天人感应的，但是他主张任秉气而生，“用气为性，性成命定”。(《无形》)

② 应该说，是符合中国人的直观思维。从经学三统三世说的论述来看，结论仍是中国式的思维结果，即古代有之，则今必循之。经学放弃的是天人交感所得到的结论，但仍运用的是天人交感的思维。

③ 《陆九渊集》卷三十六。

同具有的。最高本体的重新确立，为解释政治提供了新的支撑。

理，又叫天理，最早把“理”作为最高范畴的是二程。程颢有云：“吾学虽有所授，天理二字却是自家体贴出来。”① 理是就整个宇宙说的，是普遍性的，而理表现在人身上就是性，人性是特殊性的理，人性与天理是一致的，朱熹在对《中庸章句》“天命之谓性，率性之谓道，修道之谓教”一段的注解中曾经说道：“命，犹令也。性，即理也。天以阴阳五行化生万物，气以成形，而理亦赋焉，犹命令也。于是人物之生，因各得其所赋之理，以为健顺五常之德，所谓性也。”② 天命之性，秉天理而生，故具有道德的善性。

“理”与人类社会的现实政治到底有什么关系呢？二程认为理是普遍存在的，“只为万物皆是一理，至如一物一事虽小，皆有是理”。③ 理既是自然界的规律，又是支配人类社会的伦常原则。政治必须确立并按照这些伦常规范组织运行。“道之外无物，物之外无道，是天地之间无适而非道也。即父子而父子在所亲，即君臣而君臣在所敬，以至为夫妇、为长幼、为朋友、无所为而非道，此道所以不可须臾离也。然则毁人伦、去四大者。其分于道也远矣。”④ 名分既定的社会关系与政治秩序中所包含的道德要求，就是理。“父子君臣，天下之定理，无所逃于天地之间……为君尽君道，为臣尽臣道，过此则无理。”⑤ 所以说，理实质上就是儒家所强调的纲常名教。朱熹也说：“宇宙之间，一理而已。天得之为天，地得之而为地，而凡生于天地之间者，又各得之所为性。其张之为三纲，其纪之为五常。盖皆此理之流行，无所适而不在，若其消息盈虚，循环不已，则初未始有物之前，以至人物消尽之后，终则复始，有未尝有顷刻之或停也。”⑥ 在二程、朱熹看来，封建社会的纲常名教是理的体现，是永

① 《二程外书》卷十二。

② （宋）朱熹：《四书集注》，凤凰出版社2005年版，第33页。

③ 《二程遗书》卷十五。

④ 《二程遗书》卷四。

⑤ 《二程遗书》卷五。

⑥ 《朱文公文集》卷七十《读大纪》。

恒存在、不以人的存亡为转移的。

可见，宋明理学认为以纲常名教为代表的现实政治本身就是合理的，三纲五常就是天理，不需要再到外面去另找一个依据。学者们所讨论的理实际上是表示宇宙最高统一性的范畴，人类社会和它的现实政治都在宇宙之内，只要宇宙的存在是合理的，那么现实政治的存在就也是合理的。它与魏晋玄学中包含名教的“自然”范畴其实是一回事，差别只在于玄学还承认名教和自然有不一致的时候，而宋明理学却把自然、名教完全打成一片，统一于“理”的范畴之中，为现实政治找到了一个更加精致的依据。

（2）政治现象和等级制度在理、气、性等范畴的连接中得到了解释和论证。在他们的思想框架体系中，理是标志宇宙规律、法则的关系性范畴，而气则是标志宇宙万物具体存在的实体性范畴，宋明理学的基本观点是理先气后、理本气末。朱熹认为“理与气本无先后之可言。但推上去时，却如理在先，气在后相似。……以本体言之，则有是理，然后有是气”。① 他又说：“天地之间，有理有气。理也者，形而上之道也，生物之本也；气也者，形而下之器也，生物之具也。”② 朱熹认为理是天地万物形成的内在的依据，而气知识构成天地万物质料，理是气的主宰。宋学系经学的理有多种意义，但就其落实到政治哲学的层面，它实际是指宇宙万物存在和发展的秩序和状态，而与理相对应的气则是指具体的万物和人类社会中的形形色色的人物和阶层，从维护现实政治的角度着眼，宋学系经学让理来主宰气，实质就是肯定现实政治秩序的合理性，要求人们自觉地遵循纲常名教这个理。这种理论是对传统儒家经学政治哲学的重大发展，它已经不再纠缠于是以德服人还是以理服人之类的旧的统治方法，而是认为维护社会本身的秩序才是政治的头等大事，这是从关系的角度来谈理想政治的实现，而突破了传统的从实体角度谈实现理想政治的局限，维护社会的稳定主要不是用一种实体的力量去打击、压制另一种

① 《朱子语类》卷一。

② 《朱子文集》卷五十八《答黄道夫》。

实体的力量，而是让社会上存在的各种实体力量都服从于统一的社会秩序、状态之中。

如以人性来解释统治和服从的必然性，以及实现政治的途径。天理和性是社会政治生活的归宿，社会政治如果顺应天理和人性，那么这种政治就是有序合理的。但是，现实社会中充满矛盾和斗争，有着各种各样的不善之人与不善之行。这是“理”、“性”的范畴无法说明的。对于这个问题，学者们是通过“气”的范畴来解释的。人是理和气的结合，人性中既有天理赋予的性，又有气质赋予的性。前者为天命之性，包含着天生的道德善性，顺应它发展则会使天理伸张，名教盛行，天下大治太平；后者叫气质之性，是自然欲望的恶之趋向，遵循它则会导致斗争频繁，天下混乱。故而，若想使社会秩序稳定，符合天理的话，就必须发扬人的天命之性。政治的方式和目的就在于消除人的气质之性对自身的控制，回复并按照天命之性进行行为。此谓之“变化气质”。“盖自天降生民，则既莫不与之以仁义礼智之性矣。然其气质之禀，或不能齐，是以不能皆有以知其性之所有而全之也。一有聪明睿智能尽其性者出于其间，则天必命之以为亿兆之君师，使之治而教之，以复其性。”① 以性最善者的君师为典范，推行教化复归其性。政治的实践，仍旧是儒家内圣外王的理路。它把王和民的统治关系解释为变化气质和理的必然性。

与先秦儒家不同的是，宋明理学在强调王道教化的同时，也十分重视普通人的自我修养和学习。他们认为普通人身上，同时具备天命之性和气质之性两种秉性。通过对天理的体认与学习，可以变化气质，回复天性。个人以内心体认完善自我修养，做天理政治的顺民，此方案的强调，恐怕与两宋以来君主无能、王道弱化的政治现实有关。它是传统合法性话语的一种修正。民对统治的服从，不是基于外在的圣王德性的感召，而是基于自身内心对秩序的确认。这种修正实质上是以预存的“理”、道德纲常来约束人们的内心及行为，是全面的道德专制，现实政权的专制性得到进一步加强。

---

① 朱熹：《四书集注》，《大学章句》序，凤凰出版社2005年版。

天理的获得在于“存天理灭人欲”，在于“格物致知”。由于“理”也存在于物境之中，所以朱熹提出通过与宇宙万物的接触，可以明了天理。他的内圣途径是学习《四书》而掌握纲常名教；而心学学者则认为要通过人固有的良知，创造道德心境。王守仁就提出了内圣的方式在于自身“致良知”的道德体验。宋明理学的学者们，在寻求秩序的过程中走向了一种极端。他们渴望通过王和民双方的内心自省和道德自律，来实现政治向天理的接近。在政治中，唯见天理，未见人也。以天理、道德构成了权力的全面专制，故后人评说“以理杀人”，此言不虚！

又如，对于现实政治中存在着的贫富贵贱差别，以及君臣父子的社会等级制度，宋明理学吸纳了佛学①的想法，用“理一分殊”来论证这种差别的合理性。朱熹在《中庸章句》论述《中庸》宗旨时说：“其书始言一理，中散为万事，末复合为一理。”理既是宇宙和万物的普遍规律，又是具体事物的特殊规律，并且普遍规律和特殊规律的统一也是理的内涵。他赞同程伊川的“理一分殊”的说法，“合天地万物而言，只是一个理；及在人，则又各自有一个理。”② 他对《中庸章句》中“万物并育而不相害”进行注解有云：“天覆地载，万物并育于其间而不相害；四时日月，错行代明而不相悖。所以不害不悖者，小德之川流；所以并育并行者，大德之敦化。小德者，全体之分；大德者，万殊之本。”这里的大德就是普遍的一理，小德则是特殊的分理，理一分殊是天地万物的客观规律。理就其作为最普遍的规律而言，它是统一、和谐的，所以整个宇宙以及人类社会的纲常名教都是合理的；而理又是标志无限丰富的宇宙特殊规律的范畴，所以它又是千差万别的。这种既分别又统一的理恰好证明了人类社会本来就应该是既和谐统一又等级森严的。在《孟子集注·尽心上》“君子之于物也”一段的注解中，朱熹进一步讲道：“物，谓禽兽、草木。爱，谓取之有时，用之有节。程子曰：仁，推己及人，如老吾老以及

① 主要是华严宗的“万理归于一理”的命题。

② 《朱子语类》卷一。

人之老，于民则可，于物则不可。统而言之，则皆仁，分而言之，则有序。杨氏曰：其分不同，故所施不能无差等，所谓理一而分殊者也。尹氏曰：何以有是差等，一本故也，无伪也。”在这里，朱熹借用了程子、杨时等理学家的话，认为仁爱是人的本性，但人伦、物理上的亲疏远近决定了人类自然情感上的亲疏远近，这就是理一分殊。由此推下去，君君臣臣、父父子子、夫夫妇妇的纲常名教也是理一分殊在政治、伦理上的表现，也是合理的。朱子在对理的解释和推衍中，论证了人道中等差秩序的必然性。

（3）面对当时的历史语境，以“王霸论”和“正统论”来解说和评价现实政治。

五代以来，中国传统社会长时间处于不稳定的状态，集权式样的专制权力已渐露其腐败趋势，少数民族政权也构成了对中原政权的威胁。故宋明理学的政治话语中，理想王道政权只出现于远古的三代，而后世的现实政治基本上是出于利欲的霸道，借此希图后世的君主能够尽心知性，遵循虽永存但早已被废弛的天理，实现稳定的道德的王道政治秩序。“千五百年之间，……尧、舜、三王、周公、孔子所传之道，未尝一日得行于天地之间也。若论之道之常存，却又初非人所能预。只是这个，自是亘古亘今常在不灭之物。虽千五百年被人作坏，终殄灭他不得耳。”① 王道是天理，自古至今从未消亡，“盖道未尝息，而人自息之。所谓非道亡也，幽、历不由也，正谓此耳。”②现实与理想的差距，让学者们阐发出如此批判性的观点，“王霸之论”也成为一种理解和评价政权合法性的话语，但其所能提供的改良方法，仍旧是由新王开创出来的讲究纲常礼教的王道政治。

另外，对于少数民族政权并立甚至不断骚扰入侵的历史现实，宋明学者利用了传统的“华夷之辨”的话语来评解，表达出攘夷的政治意图。而朱熹以司马光的《资治通鉴》为背景材料，在《资治通鉴纲目》一书中提出正统论，表达了对华夷关系的理解。他认为，

① 《朱文公文集》卷三十六《答陈同甫》。

② 《朱文公文集》卷三十六《答陈同甫》。

从周到五代的历史上的王朝中，只有周、秦、汉、晋、隋、唐六个朝代是正统，大一统是判断正统的主要标准。这表明，在他心中，解决华夷关系，实现大一统是理想政治秩序的基本内容，是圣王的重要使命任务，也是判断和论述政权是否正当合法的一个标准。

古代中国政权合法性主要是天人交感思维下的天命观。这种天命观首先表现在三代特别是殷商文化中的上天对政制的主宰。政权的命运和寿命在于上天和祖先神的支配，是上古之风遗留下来的典型神权政治论。当然，殷周之际也带来了观念上的突破。殷鉴使得周人开始意识到政治行为与政权存续之间有着密切关联。以“敬德”和“保民”为主要内容的德配话语，形成了对天命观的有效补充。轴心时代的思想家进一步消弭上天对政治的绝对干涉，提出以“圣王”作为政权的组织核心，构建王权政治体系。其政权合法性主要围绕着德性范畴进行论证和说明。汉儒如董子者，站在天人感应的理论高度来解说政治，所形成对政权现象的基本观念和合法性信条影响极为深远。这一点，在具体的政治现象中都能找到明证。至此，中国传统政治的合法性话语已经固定下来，即以天命、德性为词语范畴的君权合法性。之后，宋明理学在特定的语境下，虽然对该套话语的内圣部分进行新解，强调天理，但总体上来说，政治的正当性话语依旧是稳定的，中国人仍是把理想政治的实现寄希望于有德性的圣王身上。

第三章　合法性话语与传统权力文化

所有的思想家，都构建了相同的政治理想，即政治是王获得天命后所开展的合乎天道天理的事业。他们传达出对政治现象这样的理解：王取得和丧失人间政权，都是天命的表示，同时也是王自身德性的结果；王依赖自身德性的维持，才有可能使得政权统治符合上天要求，不会导致上天收回天命的结果；政治的目标是王道政治，因为只有王道政治才符合天意、天道或天理。在这种话语的支配下，人们认可和服从政权，是因为政权本身是天命的授予，组织和行使权力的王是有德性的。因为他们相信，“天命”和“德性”都是以民心民意为内核，所以民众服从的是一个会给他们带来好处、以他们为本的政治实体。

第一节　话语结构中的圣王民本

中国古代思想家在对“天”、“祖”、“命”、“君”、“民”、“理”、“德”、“性”、“治”等词语范畴的使用论述中，构建起一套理解政治的话语意义系统。这套话语系统的核心是由天命说和德性论交织形成的“圣王正义论”。它表达了中国古人对理想秩序类型的总体想象，概括言之即为“受命于天而有德者居之”。这套德命系统与古代中国的道德规训（德）和法律罚则（刑）形成了复杂的权力话语控制体系，有效地完成了解释政权合法性、实施政治治理的话语功能。其话语体系在表达和运作上，表现出中国文化中的特定逻辑结构和价值排序，即“伸天、立君而屈民”①。

与西方文化中宗教意义的天或上帝不同，由于受到天人交感思维

---

① 董仲舒有云：“故屈民而伸君，屈君而伸天，《春秋》之大义也。”（《春秋繁露》）把此句调整一下，正好可以说明德命话语系统的内在逻辑结构。

的支配，中国文化没有超越性的彼岸世界，其文化系统中用以表达最高权威实体的上天更具人文性。朗朗青天就存在于人们的头顶之上①，它设计、安排和监督着人世间的秩序②。高高在上的青天，支配着四季循环，统摄着山岳河川，操纵着农业社会人口的各种命运，其切实存在但又难以捉摸的神秘力量，很早就被中国的初民们牵引到政治统治和社会治理当中。上天的至上权威被实定化为人间君主的专制权力，因为他是天子③，是上天在人世间的统治代理人。君主通过与上天的沟通感应，获得了统治亿万子民的合法权力，而君王取得天下、承统继统以及新王革命、政权更迭，则恰如四季循环、五德终始的无常天命。在话语表达上，天、君、民被虚拟成为一个具有宗法关系的血族集团，天子、兆民皆出自于上天，天子作为天下大宗，统帅万邦子民，共同完成天父指派的“归之于治”的使命。而天命的终极指向和价值归依则是这一集团的长治久安和绵延繁续。在“治”的任务意义上，天要求天子必须怀保小民，以民为本，重视统治行为的限度和道德性，关注民众的生存底线和存在价值。

与西方法治文化中将统治合法性建基于统治者和被治者的妥协协议不同，中国古代法文化在天命观的支配下，强调了君主对统治权的专制性，整个帝国的统治基础被寄托于与天命相合德的圣王身上。君主在人们的观念中，在道德和法律领域里，甚至在社会生活的各种器物符号上，被古代中国人赋予了神圣的光环。这种神圣性使得中国的君主获得理所当然的合法性，享有制定和操控一切人间律令的绝对权威，其“口含天宪”的权力在法理上不受国家实在法的约束，其下配合治理所形成的官僚权力体系，虽受制于法，但权力结构则呈现出一元化、人治化的集权特征，无法产生西方法治文化中的分权制衡的观念与规则。神圣化的君王居于权力金字塔的顶端，以万邦行为楷模

① 许慎在《说文解字》中释“天”曰：“天，颠也，至高无上，从一大。”

② 《诗经·大雅·皇矣》：“皇矣上帝，临下有赫，监观四方，求民之莫。”

③ 《洪范·五行》：“天子作民父母，以为天下王。”

的形象，完成对治下民众的行为领域和精神领域的整体强制。

在德命话语体系中，民众的形象也是不同于西方的。古代话语往往将民众表达成为缺少理性、无法自主的小人、蚁民或者贱民，与具有典范道德、睿智的君子、贤人和圣王形成鲜明对比，用以说明他们作为被治者，以及居于差序身份格局之下位者的一种天生性和命定性。在天宪王法的管控下，民众需效法贤人君子，归服于道德教化，否则就会受到国法的惩戒打击。个人利益的独立价值无法在这种法文化中被识别出来，从而形成西方语境中的那种来自于人权、旨在保障人权的法权体系。个人利益的有限满足，并不是国法对个人权利的确认，而是圣王基于天命的责任感对兆民的一种怜悯与恩赐，以及对归附王化、忠于政道的行为选择的一种奖赏。在话语结构中，民意也会影响到统治权的形成和限度问题，因为民意与天命存在着一种“天听自我民听”的关联性，但是，民意并非通过实定化的程序参与到政权的合法性建构中，而是以民心向背、载舟覆舟的革命力量传递出它对合法性的评价与重要影响。政权合法性的根本来源实质上是通过战争结果表现出来的神秘天命，而“万众归心”仅仅是用以说明天命所在的一种表现而已。政权统治者也在“德惠小民”的天命要求下，注意政策对民生要求的吸纳与包容，保持统治权具有德性上的限度要求。若不如此，小民造反、新王革命，政权更迭便在天罚天赏、天道循环中彰显天命的正义性，完成合法性的更替与承继。

一、权威的终极性依据：无所逃于天地

国外汉学家有一论断，认为古代中国的秩序是依靠“儒家的玄想”来维持的，其核心是“关于人类秩序与自然秩序相互作用的理论，关于君主对社会和宇宙之间和谐负责的理论，关于依靠对礼仪的示范和遵守而非法律和惩罚而达于和谐的理论”。① 从发生学的角度来看，这种儒家玄想确实肇始于我国先民们在上古时代所形成的天地

---

① 艾斯卡拉的观点。参见梁治平：《寻求自然秩序中的和谐》，中国政法大学出版社 1997 年版，第 272 ~ 273 页。

信仰。“天文者，序二十八星宿，步五星日月，以纪吉凶之象，圣王所以参政也。”① 把政治秩序看做天地自然秩序的一部分，用自然世界的经验现象来体悟政治问题，是贯穿我国数千年历史的重要观念特征。在这种天人合一的政治思维下，中国人构建了以天命为核心的合法性话语。

由于天地信仰形成于上古时期，其具体的信仰结论，则以一种无需证明的认识前提，出现在后世以“天”为核心所展开的论说话语之中，形成了中国文化中极具宗教色彩的“天崇拜”。中国人的各种权威意识，其终极依据在于这种“天崇拜”，由此产生出来的各种秩序生活，则可谓“无所逃于天地之间”②。

三代时期的天地崇拜可溯源于史前先民的自然崇拜，上天以至上神的形象出现在商、周王朝的祭祀神祇体系中，天命观具有原始的神权意味。先秦诸子开始对自然宗教的天，涂抹人文色彩。孔子言天命，认为“法象莫大乎天地”③，天地秩序是人道秩序的摹本，“巍巍乎，唯天为大，唯尧则之”④；墨子论天志，以强化“兼相爱、交相利”的正当性⑤；老子阐释天道，在“人法地，地法天，天法道，道法自然”的宇宙论逻辑中，强调人事与自然的效仿与和谐。荀子之天较少神秘色彩，但仍然是人类本性、礼乐制度的终极依据。因“人之命在天”，故圣人虽“不为求知天”，但也须参详“天人之分”，“制天命以用之”⑥。道家和荀学对先秦法家影响甚大，故法家

① 《汉书·艺文志》。

② 《庄子·人间世》：“天下有大戒二：其一命也，其一义也。子之爱亲，命也，不可解于心；臣之君，义也，无适而非君也，无所逃于天地之间。”又（宋）程颢：《河南程氏遗书》卷五：“父子君臣，天下之定理，无所逃于天地之间。”

③ 《易·系辞上》。

④ 《论语·泰伯》。

⑤ 《墨子·天志上》：“顺天意者，兼相爱，交相利，必得赏；反天意者，别相恶，交相贼，必得罚。”

⑥ 《荀子·天论》。

所论之天哲学思辨意味更浓，是一切的立论之基。思想家们都将天作为共同的重要话题，这说明天人合一的信仰由来已久，在当时已经成为诸子们固守于心的理解，制约着他们对政治秩序的规划。

汉儒之天论，以董子为首，天成为儒学宇宙观的逻辑起点，完全指向了人间治理。这种五行宇宙观“是完全从政治伦常和社会制度着眼的”，“确认人事政治与自然规律有类别的同形和序列的同构，从而它们之间才可以互相影响彼此配合。这也就是把天时、物候、人体、政制、赏罚统统分门别类地列入这样一种异事而同形、异质而同构的五行图表中，组成一个相生相克的宇宙——人事的结构系统，以作为帝国行政的依据”。① 意识形态和国家制度之间互动强化，造就了两汉神秘的天信仰，继而谶纬之学和魏晋玄学使得天的神秘性和自然性互渗共存，杂糅成唐宋帝国三教合一中的混合之天。宋明理学将天道体化、哲学化，“哲理之天把自然本体与伦理道德统一起来，涵盖天人，贯通自然、社会、人生，为天地万物之极。这就使天的绝对权威登峰造极。……对天、天理的崇拜盛极一时，流布四方，一时之间也达到近乎宗教化的程度”。②

天的本意原指人的头顶，“天，颠也”，引申成为至上神，进而成为天道义理。“在大多数人那里，天兼三义，即自然之天、主宰之天、道理之天”，而“至上”之意则是“‘天’字最根本的文化底蕴”，“头顶为人体之至上，天穹为自然之至上，上帝为神明之至上，义理为原则之至上”③，它表达着中国文化中的一元价值观，上天成为支配各种现象的最高主宰，解释伦理法则的最终依据，由此构建起独特的权威意识。“天为至上神明，天为最高法则，天地为阴阳化身，天地为自然法象，天地为人类祖宗父母，这些观念分别从宗教、

① 李泽厚：《中国古代思想史论》，人民出版社1985年版，第149页。

② 张分田：《中国帝王观念——社会普遍意识中的“尊君”和“罪君”文化范式》，中国人民大学出版社2004年版，第279页。

③ 张分田：《中国帝王观念——社会普遍意识中的“尊君”和“罪君”文化范式》，中国人民大学出版社2004年版，第272、280页。

哲学、自然、伦理等层面把人们引向天地崇拜”，这些观念是综合杂糅的，这就导致中国古代的天地崇拜具有普遍性和绝对性，甚至“许多人并不虔诚地信奉宗教、膜拜神明，然而他们却依据天道义理、自然法象、伦理道德而礼拜天地”。①

因此，天命话语并不仅仅发生于政权合法性的论域中，个人福报、家庭命运、宗教教义、教化伦常等问题的说明也可能会谈及天命。然而，就国家基本法中的合法性问题而言，古代中国的“天”主要指向的是权威的来源，即君权合法性，天为君主的绝对权威提供相应的说明。如《荀子·王制》说：“天地者，生之始也……君臣……与天地同理，与万世同久。”《管子·形势解》也说道：“天覆万物，制寒暑，行日月，次星辰，天之常也；治之以理，终而复始，主牧万民，治天下，莅百官，主之常也。”正是由于君主与天地自然的对应，使得君主成为人间至上的权威。老子则以道、天、地、人的结构类比，“道大、天大、地大、王亦大”，来彰显尊君之心，论证君主专制的天然合理性。既然天地具有生养万物、宰制万民的绝对权威，那么作为天之子的君主，也理所当然地具有此种权威，成为人世间的主宰。从此种意义上而言，“君，犹天也”②，贵天即为贵君，伸天在于立君。

君主获得天命，并没有法则或者程序对他进行规定，这是中国古代社会权威崇拜的特点，即“几乎一切社会权威，无论虚拟的还是实在的，都被视为绝对权威；每一种权威总是由一个未经民主程序认定的个体来体现，并使之成为绝对的主宰”。③ 受命虽然强调了君主必须与天地合德，但实质上仍主要是战争胜负或者武力霸权的结果。由于君受命于天，而被治者本身并不参与这个受命的过程，因此权威

① 张分田：《中国帝王观念——社会普遍意识中的“尊君”和“罪君”文化范式》，中国人民大学出版社2004年版，第284页。

② 《东周列国志》。

③ 张分田：《中国帝王观念——社会普遍意识中的“尊君”和“罪君”文化范式》，中国人民大学出版社2004年版，第272、280页。

者和被治者不可能形成制约意义上的契约关系，统治者与服从者实际上形成宗法意义上的人身依附关系。另外，君主的绝对权威性，又因“天地君亲师”的“互拟、互类、互证关系”① 而获得泛化和强化，它成为天人体系、政治体系、宗族体系以及学术体系中的绝对权威，天地崇拜在中国文化中衍生出来一种统摄性的、绝对性的帝王崇拜。

二、政权中枢：被神圣化的君主

虚拟的上天权威，指向的是人间君主。主权在君，是理解中国古代德命话语体系结构的关键要素。

与西方合法型统治不同，古代中国的统治秩序更类似于韦伯所说的“克里斯玛”（chrisma）式统治，即统治建立于“一个人以及由他所默示和创立的制度的神圣性”② 之上。在中国政治生活中，克里斯玛就是君主，由他们掌握国家权力，这一点获得了几乎所有学说的支持。“各家各派，除少数的人，如农家曾悄悄地向君主制提出疑问和挑战外，几乎都把君主制度作为当然的理论前提来对待。”③

孔子仁学承接上古以来的文化传统，主张的是内圣外王的王道政治。他认为，君子（大人）能够从“孝悌”的血缘之情中，发展出来“泛爱众”的道德自觉。于是，每个人都应力图通过教育和自我修养成为君子。在克己复礼的君子践成过程中，社会秩序即可复归到黄金时代的礼制。亚圣孟子则主要从性善论的角度，完善了政治实现的形上基础，发展出儒学讲求内圣的心学理路。荀子也一样，认为应由圣王来组织政治秩序，其原因在于唯有圣王可以“上察于天，下错于地，塞备天地之间，加施万物之上”。④ 墨家用夏学，一方面以天志、明鬼的宗教意志论重建政权的权威，另一方面把“兼相爱、

① 张分田：《中国帝王观念——社会普遍意识中的“尊君”和“罪君”文化范式》，中国人民大学出版社 2004 年版，第 273、284 页。

② 参见（德）马克斯·韦伯：《经济与社会》上卷，林荣远译，商务印书馆 2004 年版，第 241 页。

③ 刘泽华：《中国的王权主义》，上海人民出版社 2000 年版，第 114 页。

④ 《荀子·王制》。

交相利”的功利主义作为政治逻辑，其“一同天下义”① 的集权政治中，天子是发动和组织的枢纽。老子以天道的朴素批判了现实秩序的偏离，主张秩序的正义在于圣人仿行天道，实施“无为而治”。法家相信以法、术、势为手段的外在规则体系，是重建王道的关键。三者“不可一无，皆帝王之具也”。② 但他们并没有把秩序奠基于稳定的规则上，而仍寄托于圣王对控制手段的具体把握。

由此可见，在话语结构中，圣王成为发动和组织政治的核心枢纽。传统历史文化凝结于“圣王”身上的稳定性看法至少有以下几点：（1）君主因性成圣。他具有天生的，超越一般常人的智力水平和道德自觉，必须掌握某种神秘的、至上性的、能够通天彻地的权力，“王者，以一贯三，上通天，下彻地，中理人”③；他必须是能够知晓天意、预测未来的圣人。“圣者，通也，道也，声也。道无所不通，明无所不照。闻声知情。与天地合德、日月合明，四时合声、鬼神合吉凶。”④（2）圣王因性获命。他能够利用自身的德性，去体认天意民心，始终使自己处于一种民众代表的位置。“王者上谨于天意，以顺命也，下务明教化民，以成性也，正法度之宜，别上下之序，以防欲也。”⑤ （3）圣王因命证性。政权的取得源于德性的成功，因此它同时也证实了德性的存在。所以，一方面，获命事实可以证明王具备超越常人的能力和道德，另一方面，王必须按照德性来组织和维持政治运作，通过政治行为来践行天理和道德，以凸显天道和道德对政治秩序的支配。（4）圣王通过自身的德行典范治国。君主的一言一行，理论上都是天道天理的象征，故而应成为天下人仿效的榜样。垂范德治，是控制国家最理想的方式。当然，当大道不行，德治丧失治乱功能的话，圣王也可以根据时机，选择刑罚来完成社会秩

① 《墨子·尚同》。

② 《韩非子·定法第四十三》。

③ 《春秋繁露·王道通三第四十四》。

④ 《白虎通·圣人》。

⑤ 《汉书·董仲舒传》。

序的治理。这些围绕着“王”展开的合法性信条，促使着中国人始终把政治的运行和实现，建立在王的身上。这是典型的“人治”政治论，正如《中庸》所说：“其人存，则其政举；其人亡，则其政息。”

为了配合这种圣王人治模式的政治推行，表达君主受命于天的正当性，中国古代文化形成了整体性的尊君文化，尽可能地通过各种话语符号神化君王，将之高高地供奉起来，彰显其尊贵的德性，赋予其神奇的命运。利用话语背后的权力霸权，让他真正成为应天合德的圣王，享有与天同格的至上权威，接受亿兆子民的膜拜和服从。

首先，为了证明自己是天的儿子，获取政权来自天父委托，历代帝王几乎会虚构出帝王家谱，凸显自身的神性。其中最为常见的就是感生神话。传说时代的帝王，国人都为其出生虚构了感应天而生的神话①。三代时期，“天命玄鸟，降而生商”②，而周祖弃是其母践巨人足迹而生，因此小邦周取代大邑商。刘邦是其母梦与龙交，武后的前身是佛，明太祖的母亲在梦中吞了枚神仙送的药丸后，诞下麟儿。就连入关后的满人，也为其天命所归虚构了一个美丽神话，“彼布勒霍里湖有天女三人——恩库伦、哲库伦、佛库伦前来沐浴，时有一鹊衔来朱果一，为三女中最小者佛库伦得之，含于口中吞下，遂有身孕，生布库里雍顺。其同族即满洲是也。”③ 此足见天命观念的文化支配力的强大。

感生神话在于强调君主与上天之间的宗法关系，以此宣扬“天之历数在于予躬”④ 的合法性。除了感生神话，还有虚构自己与古代帝王或圣人之间的血缘关系的论证方式。如王莽以舜的后人自称，来作为篡汉的依据。又如李氏唐朝，则把祖先托依于圣贤老子。另外，

① 参见王治心：《中国宗教思想史大纲》，东方出版社 1996 年版，第 18 页。他列举了伏羲氏、神农氏、皇帝、少昊氏、颛顼氏、尧、舜、禹的感生故事。

② 《诗经 · 商颂》。

③ 佟嘉录等：《天聪九年档》，天津古籍出版社 1988 年版，第 55 页。

④ 《孝平皇帝纪》。

出生故事中的祥瑞、奇特事件也可以用来证明自身合法性。如朱元璋出生时，红光满室，乃至邻居以为着火，纷纷来救。① 帝王的奇特容貌，也是表示自身先天受命的论说方法。典型者如嬴政与朱元璋，他们的相貌奇特成为人们相信其受命于天的一个重要证据。又如历史文献中记载高祖刘邦左腿上有 72 颗黑痣。这正是其神性的标记。②

其次，在历史典籍中通过叙说故事，去建立一套特定因果关系的话语系统，以此传递文化的基本价值观和判断方式。中国古代历史所编著的典籍，往往注重叙事的完整性和故事性，讲究故事情节的链接而忽略了对各要素的具体论证；在史学家的笔下，皇帝始终是历史舞台上的主角，所有的事情都围绕着他铺陈开来，君主在中国政治历史中的作用则以一种戏剧化的效果被强调。

政治典籍中的《刑法志》就有着较为固定的叙说程式，其中明显暗含着法自君出、权大于法的一种价值排序。以《汉书·刑法志》为例，开篇讲述了君的产生和法的出现。圣人为民作则，这是天命观中对法的起源问题的信条认识。然后是对三代、周政以及秦亡的政治议论。其后便正式进入了对汉代法制历史的记录。以帝王为别，先后记录了高祖、孝惠高后、孝文景帝、孝武、宣帝、元帝、成帝等统治时期的历史大事，中间穿插了对高祖的约法三章、文景废肉刑、孝武作见知故纵、监临部主之法、宣帝置廷平等法律事件的议论。最后，作者发表对汉代刑法和刑制作出的综评。史实的论述是简单的列举归纳法，但是作者对材料的剪裁与安排，便使得间隔的历史事件之间发生因果关系，隐藏着作者的历史观，形成了产生支配权力的一种话语。

这条因果链编构出刑法志的作者对汉代法制历史最一般的理解：皇帝是应天命而生的，“天子作民父母，为天下王”，“通天地之心，制礼作教，立法设刑，动缘民情，而则天象地”。③ 为维护自己的

① 参见《明史·太祖本纪》。

② 《史记·高祖本纪》；《汉书·高帝纪》。

③ 《汉书·刑法志》。

“德”，君主必须废除严酷残苛之刑。暴秦亡于密如凝脂的繁政苛法，而汉末也终因刑法过于繁多残酷，而使统治者丧其德，天收其命，被天命的下一个指定者所取代。

可见这种历史观的话语叙事，传递了中国文化中圣王正义的秩序图式：皇帝身份高贵神圣，法天而行道，奉天命而临民。政治领域的一切活动无不在天监之下，上天会通过种种变化来表示对人事活动的评判。叙事中的词汇、叙事方式，无不跟君主专制密不可分，可是由于文本作者自身生活之中，因此，他们在使用这些词语阐释历史事件时，根本无法认识到词语本身背后的专制性权力。而他们的叙事只能是固定和强化了话语背后的专制性色彩，并将这种支持专制权力存续的观念和思维，借助文本载体，以文化无意识的方式传至后世，影响到后人的价值判断和相关话语制度体系的构建。

另外，君主的神圣性，还可以表达在各种尊君卑臣、具有合法性象征的国家礼仪制度中。如名号制度、冠冕制度、朝贺仪轨、避讳制度、陵寝制度、宗庙制度、圣驾威仪、三跪九叩大礼等①。它们都具有显示帝王神圣权威，彰显其统治合法性的政治功能。

当然，仅仅借助这些意识形态的宣传，礼仪制度的确认保障，还不足以达到神圣化君主的目的。话语的力量，必须结合实定化的权力结构和运行实施，方能得到锤炼。中国文化中的神圣君主，是跟其处于一元化权力结构的顶端的法权地位有关。他并不是一个高高在上、有势无权的虚位君主，他的至上权威获得了帝国法律的确认和保障，其拥有法术势相结合的、不可分割的统治大权，具有创制、统摄和操控法律的天命合法性。

从法理上讲，君权高于法律，具有绝对性和一统性；君权产生法权，除无从捉摸的天命外，不受法律规则的规定和限制；法律本质上是圣王为了完成天命、追求大治而为民众制定的，既包括以典范行为

① 可参见张分田：《中国帝王观念——社会普遍意识中的“尊君”和“罪君”文化范式》，中国人民大学出版社2004年版，第219～236页，第249～271页。

表现出来的义务性规范，也包括配合王政在官僚体系内部设置的组织规则，还包括对违法行为进行处理的各种罚则。这种法律由王而设，依官而施，为民而用，是不包含民众意志参与的王法、官法，因此，民众的行为有法可控，官员的管制有法可依，但作为最高权威的圣王，其本身却不在法治体系之内。他可跳出法网之外，自由地把握赏罚权柄。这是中国古代合法性话语结构中的必然法理。

三、民本：小民的形象及其出场方式

从功能上讲，中国古代的德命话语，虽然也是用以解释政治合法性问题，但证成的方式和逻辑与西方文化有着明显区别：西方人认为统治基础来自于被治者的同意，并且把这种同意还原成为社会契约（宪法）的缔结，从制宪、立宪，到行宪，人民的同意全部由严密一体的法律规则和实定程序予以证成。这种证明逻辑将统治建基于法理之上，所有的政治权威（包括人民）全部在法治体系之内，受到法治原则、分权原则、人权保障原则的约束。而在古代中国文化中，统治正当性来自于至上权威，君主主权的原因在于天命授予，而作为终极依据的天命，其合法性并不会受到追问。天是主宰者，早已在农耕社会的经验观察中，化为一种不证自明的理论前提，存在于华夏民族的心理信仰结构中。自然之天的现实存在，就是人文之天能够择君授命的根本理由。

值得注意的是，在这个证成逻辑结构中，统治权的授权关系，主要是在话语中的“天”和“君”之间发生，中国文化中的“民”，只是在君德、民本、革命的意义上与两者发生勾连，但并不是决定合法性形成的关键要素。中国的“民”不同于西方的“人”，有着特定的形象。这也影响着“民”在中国古代国家基本法中的出场方式。

首先，在农业社会和宗法国家中所产生的“民”，有着与西方海商宗教文化孕育而成的“人”的观念完全不一样的面貌。他们成为构筑各自文化系统的重要基石。清晰地理解东西方人群对人的不同认识，有利于把握德命话语体系中的“民”的出场方式和相关的民本范畴。

从文化形象上来看，西方的“人”和中国的“民”，大概有以下几个方面的区别：

（1）独立自主的个人和蒙昧依附的黎民。

西方文化有着渊源悠长的个人主义传统。“人”的形象自古希腊时期指的就是原子化的个人，神话中虽然表达了人神区隔、人对神族的崇拜等故事观念，但神人同性同格的文化底色，使得古希腊的人在神权面前并不卑微，神的命运也会受到个人的牵扯，甚至个人会因成为英雄而影响整个神族历史的发展①。中世纪的人虽然匍匐于上帝教会面前，但因信称义的宗教改革，使得这种人的形象获得全面更新，个人可以独立地根据自己的信仰与上帝接触。启蒙时代，更是自由独立之人确立和崛起的重要时期。人是自由精灵，拥有与神一样的灵魂和自由意志，能够独立自主识别个人利益，处理个人事务。这种个体认识，是社会契约在法理上能够得以缔结的重要文化基础。政权合法性源于被治者的个体自由意志的加入，政府承诺对每个个体的人格与正当利益，予以宪政上的安排和法权上的保护。

而在中国文化中，“民”是一种特指，专指被征服的奴隶，后引申成为作为被治者的庶民民众。甲骨文中的“民”字，像以物刺目之形，卜辞用指奴隶。② 许慎注曰：“民，萌也。……萌猶懵懵無知皃也。”而《易传》也有“蒙：九居初，最下之位者也。下民之象，为受刑之人”的认识。文化始源中的民众有“百姓”和“黎民”的区分：百姓大体是征服氏族成员，有其独有的姓氏，而黎民则是战争征服的对象，后在政治安排中沦为受刑奴隶，居于最下位者。君王针对百姓和黎民，分别采取“德”和“刑”的两种控制规则，因为黎

① 如特洛伊王子帕里斯，以金苹果裁决引发了美丽女神之间的争斗，最终导致特洛伊城的沦落。古希腊神话中的英雄人物故事，都间接表达着相同的个体观念。

② 郑春兰，金久红：《甲骨文核心词“人”的语义场初探》，载《华中科技大学学报（社会科学版）》2006 年第 5 期。

民在智识上、在道德上都低于百姓①，他是单纯的政治客体，是圣王实行统治所指向的对象，“养其蒙使正者，圣人之功也”②。儒学经典中也大量使用“民”字，去对称“君子”、“大人”，完成命题的论说。心智愚昧，道德低劣，是这种小人子民的基本形象，因此才需要君子贤人的道德感召，国法家规的政治刑惩。

“民字有与生俱来的贬义，其核心词义是派生者、从属者、卑贱者、愚昧者、无德者。就中国古代主流政治文化而言，在数千年的词义变迁中，民字的核心词义始终保持稳定。”③ 这种语义认识的稳定，构造了德命话语的内在逻辑：正因黎庶子民蒙昧无知，道德无端，所以必须成为政治的客体；黎民没有自由意志，无辨识个体利益的理智，因此，也就无独立自主自治的能力，唯有依附于特定的管理组织（家族、宗族、乡里、单位等），归化和服从于王道政治，方能得到生存发展延续。这种逻辑以不同于西方的方式，在一定程度上有效地解释了王道政治的合理性，但是却沉淀下来中国民众无知、无权、不自主的文化价值判断，从而影响了我们对宪法政治的理解。

（2）平等人格之人和差序身份之民。

西方文化中的人，在国家法权体系中有着平等的自由人格。这是与其宗教文化息息相关的。在上帝面前，无论是国王，还是庶民，其个人人格是平等的，人性尊严需受到国家法律的确认和保护。平等之人皆有参与缔结社会契约的权利，表达自身对利益和共识性规则的看法，这种被治者的同意才具有普遍性，按其同意所组成的政府才具有更高的合法性。

德命话语中的“民”，是宗法社会差序格局下的一种阶层划分，具有依据宗法政治身份安排其法权地位的特征。三代“黎民”与

① 《国语·楚语》：“王公之子弟之质能言能听彻其官者，而物赐之姓……是为百姓。”可见百姓的血统及智识，可以让其成为参与政治的主体。

② （北宋）张载：《正蒙》。

③ 张分田：《政治文化符号视角的“民”字核心词义解读》，载《人文杂志》2007 年第 6 期。

"百姓"的对立，宗法身份的不平等形成了"德以柔中国，刑以威四夷"的治理格局。先秦儒家用小人与君子的身份对立，论证了"仁者宜在高位"①，德主刑辅的政治设计，而汉儒则辨析了圣人之性、中人之性和斗屑之性的人性本源②，用以说明大德小刑的规则控制体系。唐律中很明显地把民分成了不同阶层，除了以四民为骨干的编户齐民，还包括了与良人对立的贱民系统，各自的身份高低贵贱不同，所要求的行为模式和适用的法律规则也因此存在差异。这种圣王正义论所追求实现的社会，即是以宗族家国为原型的，控制行为的法权体系并不会平等地关照每个人，而是区别其宗法身份，去缔造一个以身份③辨析尊卑、以尊卑确定礼制义务、以刑法保障礼制的等级性秩序。

（3）契约共和之人与宗法一统之民。

西方文化中的共和意味着契约精神下的妥协，意味着在法治原则下的分权。被治者在表达自身对统治的同意与服从时，一方面是以独立个体的面貌出现，另一方面也会形成阶层，以集体形态出现在政治活动中。宪法政治的合法性在于，人民的政治决断是以利益分化的个人为前提，允许形成不同的利益阶层、社会组织，通过代议民主，利用政党和各个权力部门（议会、内阁、总统、法院等）在宪制安排下分权制衡，实现妥协意义上的共和。一方面，人民作为制宪权的主体，参与制宪和宪制的价值归属，都是指向个体意义上的人民；而实际进入政治领域中的集体人民，也应当受到共和精神和法治原则的约束，以避免多数人侵犯少数人权利的民主暴力。

中国文化的"民"，在圣王的统帅下，形成了类似于家国模式的大一统。天子作为全国最大的宗子，协同核心家族（最早帮助皇族赢得天下的贵族，以及治理所需的官员），对亿兆子民按照宗法身份

① 《孟子·离娄上》。

② 董仲舒：《春秋繁露》。

③ 尊卑身份的原型基础是父父、子子、君君、臣臣；所有的社会关系都可依此拟制，形成卑下对尊上的依附和服从。

进行相应治理。由于统治不是来自于契约论的妥协，而是征服战争的结果所表达出来的天命，因此，君、臣、民之间形成的是自上而下的权力统治关系。最高权力不进行分割，下位权力可以按照统治需要，依照宗法制原则进行授权和分工，君主的最高权力统摄下位诸权，不可能形成分权共和的政制安排。人民的价值可以以“万众归心”的民意诉愿，间接地表达成为天命的一种象征，甚至成为革命的一种符号力量，但在君权之下的法治体系中，人民没有主体性，是缺位的。

（4）法治中的人与治法下的民。

西方文化的正义观，始终保持着对法治原则、对制度正义的信赖。在合法性话语的构建逻辑来看，其整个缔约、同意、创制的过程都受到法律的约束，任何人，所有的权威，都必须遵守法治原则和程序正义。一切权力来自于法，是这种法理型统治的核心表达，公民个人尊重和遵守来自于有法授权的权力管控，从而形成依法治国、民主法治的现代化国家秩序。

而中国王道政治中只有治法，没有法治。因为关于政权合法性产生的那部分说明，即天命下授于君的过程，在德命话语体系中，是不用法律论说。君主获得天命、取得政权后，产生相应的治法。亿民庶众在治法中成为被治的对象，而享有君权的个人或者集团①，从制度机制上讲，则不在法中，可以摆脱法律对他的控制。国家有律典，也会施行“一断于法”，但却是一种残缺不完整的半法治状态。

其次，中国文化中“民”的形象和本质，决定了它在德命话语的出场方式，支配着中国古代的政治文化。

民是幼小的，是蒙昧的，是卑贱的，是无能的，它在德命话语中没有自主性的地位。它的价值依附于上天，以“民心民意”的范畴，与政权兴起、政权覆亡的两个阶段发生联系，即在政权兴起时，兆民依附，万众归心，民意可作为天命授权的一种象征和表达；而在政权倾覆之时，民众又是载舟覆舟的革命主体，表现出汤武革命的天然正

① 享有君权的人，并不一定是皇帝本人。根据皇权运作机理，它可以是掌握至上权威的女主、外戚、贵胄，甚至是卑贱的宦官。

义性。人民的价值在王朝命运永祚的意义上被解读出来。而在君权产生治法之后，人民只是作为单纯的被治者出场，没有任何的政治主体性，从法理上无从参与王道政治的治理。

这种出场方式被表达成为“民为邦本，本固邦宁”① 的民本话语，它与德命话语发生复杂的逻辑勾连。在这套话语中，民的出场大概有三次：一是发生在德命的证成阶段。由于“天听自我民听，天视自我民视”，民众的价值因其与天意天命相关，而获得出场机会，成为政权合法性的一种说明；二是出现在德命之后的治法系统中。由于民众是王道政治的客体，是德教刑法的管控对象，因此，其利益主张无法受到法权体系的实在确认与保障。但是，由于民众本是国家政治的重要载体，统治者也逐步意识到，民众的归服对于自身政权长治久安的重要性。从这种价值意义的角度出发，民意指向了君德，重视百姓的生存底线，成为衡量统治者政治德性的重要指标；民的第三次出场，发生在政权更迭的革命阶段。民心的向与背，又产生出新王应运而生、旧王早坠厥命的循环天命。总之，无论是发生在哪个阶段，民总是对作为上位权威的天和君具有依附性。

需要注意的是，“以民为本”并不能等同西方文化中的民主。中西方国家在历史发展中，都注意到政治统治的基础在于民众，在于君民相通，政治决策中应尽量涵盖民众的利益要求。但是，关键在于在中国政治文化中，作为民心民意若想进入到政治决策当中，上升为国家意志，则是以君王对民众生活的自觉体悟和抽象为前提的，是权力自上而下运作的一种结果。这样就造成，一方面在观念上，统治者永远是民意的整体代表，民意成为君权合法性的有力论证；另一方面，由君王感知的民心民意是否是真实的民众要求，难以得到有效证明和确定，只能通过政策措施的长时间的运作结果来得以表现。关于这一点，当年周成王对蔡仲的训词解说得很清楚：“皇天无亲，惟德是辅；民心无常，惟惠之怀。为善不同，同归于治；为恶不同，同归于

① 《尚书·五子之歌》。

乱。尔其戒哉!”① 另外，民本的上下相通方式，对君主的素质和才能要求很高。只有当君主本人具有较强的权力控制能力和道德自觉，良好的上下相通才有可能实现。

而在西方契约式的法治文化中，人民的出场频度是整体、全面的。民意首先反映为民众的平等、言论自由等基本权利的确立和保障，通过选举程序、代议制等制度体系中进行表达和整合，并自下而上地运作成为政治决策的基础。当政治行为出现偏差后，也可以通过宪法诉愿和其他司法救济方式，让人民的意志再度出场，纠正和改变现实政治中的问题。因此，西方政治建立在理性的民主制度规则之上，这样就使得一个平庸资质的君主，也能够实现良好的统治效果。

以民为本决定了中国文化中的政治职能。政治在于生民、养民、恤民、保民。一方面，由王组织社会农业生产，确立分配原则，提供生活必需的物质资料；另一方面，推行天理教化，使民成人；当社会运行偏离正道天道的时候，由王通过政治行为，解决纠纷、打击罪犯，恢复秩序，维持社会秩序平衡和谐。政治职能是王的使命，归根结底就是治民。圣人针对因缺乏德性而可能会偏离天道人伦的民众，而实施适时适当的治理行为，以实现人间秩序与理想秩序的契合。

综合以上对“天—君—民”的德命话语结构所作的分析，可见在古代中国的历史语境中，政权通过天命和德性的合法性话语获得了理解和说明。话语表达了中国人对国家权力的基本看法，它支配着国家权力制度的设计与运作机制，并在历史中被传习下来，构成了传统权力文化。这种传统权力文化，存于人们心理的无意识领域中，以潜性制约的方式影响了我国近现代的宪政实践。

第二节　传统政权合法性的论证路径

天命和德性，是古代中国论证和解释政权现象的核心范畴。任何政权若要论证自身具有统治民众的合法性，必须从这两个方面出发，

① 《尚书·蔡仲之命》。

一方面论证政权是天命所归，有天命支持和表示；另一方面要论证统治者具有德性。

其实，在具体的历史情境中，这两方面的论证往往是交织在一起的。譬如，论证当中经常出现的君主的感生神话。它既表达了君主是上天派到人间的天命观，又能解释君主具有沟通天人关系、认知天命天理的能力，而这就是德性方面的论证。再如，封禅本来是一种祭天地仪式，用以论证政权得到天命支持，但是，封禅又是皇帝以自己的功德向上天汇报，所以它也能证明政权的德性问题。交织原因是“德”原来就是与天命相关联的词汇，是天命的重要内涵。后世里的“德”才越来越伦理化，从一个宗教概念演变为道德概念。

本节主要考虑在古代中国，用以论证政权合法的主要方式，一个是以国家祭祀为核心的天命方面的论证，一个是以功德、民本为主要内容的德性论证。

一、天命的论证

从商周开始一直到清朝终结，“天命”这个观念一直是传统政治统治的基础。本书所关注的是它在有关正当性问题中所具有的功能，即“天命的意识就与政治结下了不解之缘，天命概念的论证功能就集中在政治的正当性这个论题上。”① 当然，天命在政治领域以外的地方被用来作为理论建构的一个要素的情形，在传统理论中屡见不鲜，如人性论、对人生的看法等。

中国历史中，从天命方面论证政权合法性的方式主要有以下几种：

（1）帝王的出生故事。为了说明政权是来自于上天的授予，是天命所归，历代帝王几乎都会虚构出一段帝王家谱，凸显自身的神性。其中最主要的是感生神话，用帝王的离奇出世来说明帝王是天的

① 陈赟：《自发的政治与无为的政治：中国古代的天命意识与政治的正当性》，载《中州学刊》2002 年第 6 期。

儿子。传说时代的帝王，中国人都为其出生虚构了感应天而生的神话①。三代的时候，也有“天命玄鸟，降而生商”。② 殷人祖先契是其母吞玄鸟之卵而生，故而能为天子，得获天命。而周祖弃是其母践巨人足迹而生，因此小邦周取代殷商，天命早已在其出生之时昭然若揭了。刘邦的出生是其母梦与龙交，武后的前身是佛，明太祖乃为其母在梦中吞了枚神仙送的药丸后所生，而满族在解释自己祖先的出生时，也讲了一个优美的神话。“彼布勒霍里湖有天女三人——恩库伦、哲库伦、佛库伦前来沐浴，时有一鹊衔来朱果一，为三女中最小者佛库伦得之，含于口中吞下，遂有身孕，生布库里雍顺。其同族即满洲是也。”③ 这个神话印证了清政权是应天而生的。

翻阅二十四史，历代帝王无不神化自己祖先和自己的出生，以宣扬“天之历数在于予躬”，奉天命而临民。除了感生神话，还有虚构自己与古代帝王或圣人之间的血缘关系的论证方式。如王莽以舜的后人自称，来作为篡汉的依据。又如李氏唐朝，则把祖先托依于圣贤老子。出生故事中的祥瑞、奇特事件也可以用来证明自身合法性。如朱元璋出生时，红光满室，乃至邻居以为着火，纷纷来救。④ 帝王的奇特容貌，也是表示自身先天受命的论说方法。典型者如嬴政与朱元璋，他们的相貌奇特成为人们相信其受命于天的一个重要证据。又如历史文献中记载高祖刘邦左腿上有72颗黑痣。这正是其神性的标记。⑤

（2）天象征兆。古人认为，天“亦有喜怒之气，哀乐之心”⑥，它会通过天象征兆，来表达对人间秩序的看法。在历史记载中，当帝

---

① 参见王治心：《中国宗教思想史大纲》，东方出版社1996年版，第18页。他列举了伏羲氏、神农氏、皇帝、少昊氏、颛顼氏、尧、舜、禹的感生故事。

② 《诗经·商颂》。

③ 佟嘉录等：《天聪九年档》，天津古籍出版社1988年版，第55页。

④ 参见《明史·太祖本纪》。

⑤ 《史记·高祖本纪》；《汉书·高帝纪》。

⑥ 《春秋繁露·阴阳义》。

王受命、政治合乎天道的时候，往往会出现相应的天象；当政权衰弱腐败，天命即将丧失之时，则会出现灾异天象以征之。这样的历史记载，其主要目的在于论证政权合法性。

如《史记·周本纪》记载了武王伐纣过程中的奇特天象。“九年，武王上祭于毕。东观兵，至于盟津。……遂兴师。……武王渡河，中流，白鱼跃入王舟中，武王附取以祭。既渡，有火自上覆于下，至于王屋，流于乌，其色赤，其声魄云。”白鱼和流火的出现，正是上天显现天意的天象征兆。在这种天象征兆的感召之下，“是时，诸侯不期而会盟津者八百诸侯。诸侯皆曰：‘纣可伐矣。’武王曰：‘女未知天命，未可也。’乃还师归。”天命通过天象征兆来传达，但真正理解天命的仍然是王一人而已。天象征兆是一种政权获命的标志。《汉书·天文志》也有说道，“汉元年十月，五星聚于东井，……此高皇帝受命之符也”。五星连珠现象往往被看做改朝换代的征兆。“五星合，是为易行，有德，受庆，改立大人，掩有四方，子孙蕃昌；无德，受殃若亡。”① 天象成为解读重大政治事件的天命理由。“周将代殷，五星聚房；齐桓将霸，五星聚箕；汉之将兴，五星聚东井；唐玄宗政荒，五星聚尾箕；宋太祖受命，五星聚于奎。”② 顾炎武的评论表达了中国人论证政权合法性的基本方式。

对于政权者而言，表示合法性削弱或丧失的天象灾异才是最可怕的。因为在古代合法性话语中，“灾者，天之谴也；异者，天之威也。谴之而不知，乃畏之以威……凡灾异之本，尽生于国家之失。国家之失乃始萌芽，而天出灾害以谴告之；谴告之而不知变，乃见怪异以惊骇之；惊骇之尚不知畏恐，其殃咎乃至。以此见天意之仁而不欲陷人也”。③ 天会以异常天象来谴告现实政权，表达自己对政权的评价。

历史上，秦朝政权走向衰弱时就有异常天象的记载。“三十六

① 《史记·天官书》。

② 顾炎武：《日知录》，《四库全书》卷30。

③ 《春秋繁露·必仁且智》。

年，荧惑守心。有坠星下东郡，至地为石，黔首或刻其石曰‘始皇帝死而地分’。”① 然“始皇既死，嫡庶相杀。二世即位，残骨肉、戮将相”，则又有昭示兵革诛伐的“大白再经天”之象。②《开元占经》对这些星象皆有解释：“荧惑守心，主死，天下大溃。……主命恶之，国有大丧与兵。”而“流星者，天皇之使，五行之散精也。飞行列宿，告示休咎……坠星之所，其下流血破军杀将，为咎最深”。可见，星象和政治命运的比附，实际上是为秦命必亡、汉代秦兴进行说明。又如《为李密檄洛州文》③ 讲到“隋氏三十六年而灭”就列举了岁星入井、朱雀门烧、正阳日蚀、狐鸣鬼器、川竭山崩等诸多异常征兆，来表示隋朝气数已尽。

灾异征兆往往促发统治者敬修其德，通过人为的政治努力，进行合法性上的补救。《史记·天官书》中有道“日变修德，月变省刑，星变结和。……太上修德，其次修政，其次修禳，正下无之。”官方天书《乙巳占》在解释“日蚀”的时候，也说到“日蚀，则王者修德，修德之体，重于责躬，是故禹汤罪己，其兴也勃焉。”异常天象发生之后，统治者一定要进行政治的补救，才不至于被收回天命。这些人为补救方法通常是下罪己诏、赈灾、录囚等具体政治措施。

以康熙帝为例，他就非常重视天象灾异发生后的合法性补救。当天下久旱无雨，他“于宫中设坛祈祷，长跪三昼夜，日惟淡食”④，并对灾区免除赋税、发放库银赈济；淮扬水灾发生后，尽管当时康熙正着手平三藩，但他仍然拨库银，令大臣治河；平谷地区发生地震，他认为乃是上天警示，下罪己诏曰“地忽大震，变出无常，皆因朕躬不德，政治未协，大小臣工，弗能恪共职业，以致阴阳不和，灾异示警，深思愆咎，悚息靡宁”⑤，号召群臣随他反思政行，以挽回天

① 《史记·秦始皇本纪》。

② 《汉书·天文志》。

③ 祖金玉：《历代檄文名篇选译》，中国青年出版社 1998 年版，第 189 页。

④ 《清实录》卷二百七十五。

⑤ 《清圣祖实录》卷八十二。

心。当时的具体措施是在震区进行赈济救灾；太和殿发生火灾，他也下罪己诏，“太和殿灾，朕心惶惧，莫究所由，因朕不德之所致欤？抑用人失当，而致然欤？兹乃力图修省，挽回天意”。①

祥瑞也是表示受天命的一种说法。它在史籍里又称“符瑞”、“瑞应”、“嘉德”、“福应”等。《唐律疏议》卷二十五《诈伪律》中引陆贾语称：“瑞者，宝也，信也。天以宝为信，应人之德，故称瑞。”又云：“祥谓休征。”上面所讲的天象征兆其实是祥瑞中的一种，谓之天地之瑞。除了天地之瑞外，还有动植物之瑞、器物之瑞、矿物之瑞等。大家都知道的鼎器就是代表天命的瑞宝。除此之外，还有同心鸟、神龟、吉利、角瑞、獬豸、玉英等。《元史》中曾记录耶律楚材对角兽的评论：“此瑞兽也，……此天降符以告陛下。”北宋真宗在展开大规模的“东封西祀”活动时，就有人进献芝草、嘉禾等各种各样的祥瑞。② 可见，瑞应和封禅、祭祀一样，都是用以证明赵宋政权的合法性。

（3）以郊祭、封禅等为代表的国家祭祀仪式。在一国文化系统中，仪式往往是以象征的方式传递着该国独特的文化观念。“仪式行径的目的并非重复它所象征的日常活动，而是将它置于更高的视域，以便赋予意义。”③ 在古代中国，皇帝通常会举行隆盛的祭祀天地的典礼。这种典礼仪式，既构成皇权存在合法性的重要依据，又是皇位正统和大一统所必需的文化表征，是我国皇权政治文化得以阐释的一种方式。

郊祭主要是皇帝定期祭祀天地的活动，是重要的国家政治大事。具体的祭祀礼仪十分复杂④，这里就不再赘言。总之，祭天活动由天

① 《清圣祖实录》卷八十七。

② 参见何平立：《宋真宗“东封西祀”略论》，载《学术月刊》2005 年第 2 期。

③ 杜普瑞：《人的宗教向度》，台北幼狮文化事业公司 1986 年版，第 163 页。

④ 可参见周桂钿主编：《中国传统政治哲学》，河北人民出版社 2001 年版，第 56 ~ 70 页。

子主持，有关于祭祀场所、时间、祭祀内容和程序、参与人员的要求等严格规定。在复杂的礼仪和典雅的音乐中，古人体会着天命与政权之间的关系。祭祀作为一种天命的象征，赋予了现实政权实行统治的合法性。

封禅是指在"泰山上筑土为坛祭天，报天之功，故曰封"，"泰山下小山上除地，故曰禅。"① 《白虎通义》说道："王者易姓而起，天下太平，功成封禅，以告太平。禅梁父之趾，广厚也。刻石纪号，著己之功绩。天以高为尊，地以厚为德，故增泰山之高以保天，禅梁父之趾以报地。封者，附广之；禅者，将以成功相传授之。"所以，封禅礼是皇帝受天改制、奉天承运的一种重要依据。天子获得政权之后，通过筑坛除地，回馈天地功德，以表明自己的胜利是来自于天命的眷顾。通过一系列仪式，政权的天命得到了论证和强化。古代中国很多皇帝在泰山祭祀天地，来表明自身受命于天。如汉光武帝行封禅礼时曾在泰山立石，碑文即曰："皇天眷顾皇帝，以匹庶受命中兴。"② 玄宗封禅时以玉牒告天："天启李氏，运兴土德。高祖、太宗，受命立极。"③ 而宋真宗在封禅仪式中也一再强调"启运大同。惟宋受命"。可见，表明现实政权的合法性，是封禅礼的重要功能。

由于封禅礼的要求极为严格④，历史上只有秦始皇、汉武帝、唐高宗、唐玄宗、宋真宗等六位皇帝举行过泰山封禅礼。于是，有些皇帝作出了些变通。典型者为武后。为了表明自身受命于天，她先是利用手腕，使得自己可以以皇后的名义，率领宫人命妇在封禅大典上举行亚献；接着，在自己称帝以后，女皇武则天亲自到嵩山，主持和举行了封禅大典，证明了武周政权的天命。清朝康熙帝也曾到满族发源地——长白山举行过表明天命的封禅典礼⑤。

---

① 《史记·封禅书》。

② 《后汉书·祭祀志》。

③ 《旧唐书·礼仪志》。

④ 司马迁提出的封禅必然条件是功至、德洽、符瑞、受命。

⑤ 李自然：《试谈清代的长白山封禅及其特点》，载《内蒙古工业大学学报》（社会科学版）2000 年第 1 期。

封禅往往和天子巡狩结合在一起，如秦始皇在封禅泰山之前曾巡狩东方，王莽举行封禅礼也曾四处巡狩。巡狩是指天子定期到四方巡游的一种制度。此制度始见于《尚书》的记载，其功用在于祭祀四方山川神明，以明天子天下共主的地位。后随着天命德配观念的兴起，巡狩目的在于"省耕"、"省敛"①。汉代则主要是以劝农、重民为指导思想了。"道德太平，恐远近不同化，幽隐不得所者，故必亲自行至。谨敬重民之至也。"② 天子到边远四方巡狩，往往也含有古天子威服四夷、震慑诸侯的隐喻功能，它与封禅礼一起，共同构成对政权大一统的合法性的论证。如元丰元年，汉武帝认为"古者先振兵择旅，然后封禅"③，遂亲率18万骑巡狩北方，威震匈奴，然后举行封禅大典，表明自身政权的合法性。

韦斯勒所说，"典礼是一种象征性的陈述形式"④。它是一种文化表现形态，其意义在于用主导性的价值观念为社会秩序和纲常伦理确立一个理论支撑，为政治道德和权威寻找最终依据。那么，在古代中国，"'天命'这一集政治意识、宗教意识、伦理意识于一体的复杂思维图式……唯有通过经过儒学演绎成体系化、整合化以及在此形成过程中构成整体思维原则的'总'礼仪——封禅祀典来表现，并在儒术渲染与构架的完备的仪式内（五年一封修）不断重演，以巩固、深入和强化其思想意义"。⑤

（4）具有合法性象征的其他国家制度。当一国政权建立之后，它会通过一些制度的改变和厘定，来彰显自身得获天命。人们在制度与天命的文化联系中，形成对现实政权的理解，并构成服从政权的心理基础。其中，本书简单地讨论以下几种。

---

① 《孟子·告子下》。

② 《白虎通义·巡狩》。

③ 《史记·封禅书》。

④ Wechsler. Offering of Symbols: Aspects of Ndembu Ritual . New York: Cornell University Press, 1967.

⑤ 何平立：《汉武封禅：儒学正统化大典》，载《上海大学学报》（社会科学版）2003年第4期。

第一是帝王名号。在儒家的观念体系中，名号问题对于政治的开展非常重要。“名者，人治之大者也”，①而“号者所以尊神显物也”②。名号关乎祭祀尊天和国家治乱，故而孔子的理想政治从“正名”开始。董仲舒也十分重视名号对于天命表达的功能。他解释名号为：“鸣而命施谓之名，名之言鸣与命也”③，而“号者功之表也，所以表功明德号令臣下也”④。可见，名号与以天命、功德为内容的合法性问题密切相关。“名号不美，与暴为邻。”⑤古代中国的统治者正是利用帝王名号，来为其统治合法性作论证的。

帝王名号包括帝王的名称、谥号、庙号、年号、尊号等，主要有帝王的自称，臣民对帝王的称谓及给帝王所上的尊号、谥号等几种类型。这些名号往往被使用在如诏书、大臣奏疏、封禅、祭天等重要政治活动中，所以它们被赋予了政治意义。因为名号中的字义通常与政治、与上天等有关联，意义早已在历史使用中固定下来，所以在使用名号时，“由不太精确的政治名字无意识地激发起的情感联想可以持续更长的时间”⑥，它成为唤起人们政权合法性信仰的一种重要途径。如表示帝王的“王”、“皇帝”等名称，它们的含义早已在历史中确立下来，所以其中包含的意义系统和价值排序，会在名号的使用中传递给我们。“王”是沟通天人的一个名称，董仲舒释“王”为：“三画而连其中谓之王，三画者天地与人也，而连其中者通其道也。”⑦当臣民称呼一个人为“王”⑧时，名号中的意义就会传递出来，为

① 《礼记·大传》。

② 《礼记·礼运》。

③ 《春秋繁露·深察名号》。

④ 《白虎通义·号》。

⑤ 《荀子》。

⑥ （英）沃拉斯：《政治中的人性》，郑永年、李茂奇译，浙江人民出版社1988年版，第50页。

⑦ 《春秋繁露·王道通三》。

⑧ 王的政治解释还有：《吕氏春秋·下贤》：“王也者，天下之往也。”《春秋纬·文耀钩》：“王者，往也，神所向往，人所归落。”

王具有至上权力和神圣性进行解释，臣民也在合法性理解中服从王的统治。“皇帝”名号也是如此。它与三皇五帝的功德传说联系在一起，成为秦始皇建立自身统治合法性的重要方式。

又如谥号和尊号，它们也是能够传达政治意义和维持统治合法性的名号方式。谥号是后人根据死者的生平事迹而给予的一种价值评定，“谥者行之迹也，累积生平所行事善恶而定其名也”。① 严格地说，谥号包括谥和号，即所谓“谥者，行之迹，号者，功之表也”②，但它的主体是谥。谥即是用含有特定含义的字表示对死者一生的总结评价。而尊号（又称徽号）是对古代帝王或后妃的尊称。它与谥号的区别，在于它仅适用于活着的帝妃或非凡之人。

就帝王谥号尊号内容而言，其发展中逐渐形成一定的格式。如唐朝帝王谥号定型为七字谥，即“××大圣大×孝”皇帝，在其中分别填以不同的形容词。明代以“×天×道×××××文×武×××孝×”皇帝为格式，清代以“×天×运×中×正×文×武×孝……”为基本模式。孝、文、武、圣、天、道等为其中的基本主题。这些主题是包括基本国策、治理手段、功德以及法天行道等政治思想和政治文化的高度概括，他们按照一定的顺序排列在一起，形成对帝王的谥号尊号。于是，在使用谥号尊号的时候，皇帝的形象就和其中传达的政治意义联系在一起，成为获得臣民认同、确认统治合法性的一种政治手段。如谥号、尊号中经常出现的“统天”、“法天”、“仪天”、“感天”、“体天”、“继道”、“体道”、“明道”、“契道”等字眼，其中凝聚的就是利用“天”和“道”来论证统治合法性的政治思维。

第二是改正朔、易服色。如董仲舒所云：“帝王必改正朔，易服色，所以明受命于天也”③，在古代中国的历史发展中，当新政权出现或者政权内部有所改革之时，帝王通过会改正朔、易服色等一系列改制工作，以标榜和强化自身的统治合法性。其中，改正朔又是核心

① 《太平御览·谥》。

② 《史记正义·谥法解》。

③ 《汉书·董仲舒传》。

内容，因为服色、礼乐、制度皆依正朔而改。

所谓“正朔”，就是一年中的第一天。一年中的第一个月称正，一月中的第一日称朔。所以，正朔问题本义是一个天文历法问题，即历法之始，即为正朔。以何时为岁首（正月朔、初一），它关乎着农业安排。而这个天文历法问题，在古代中国的天人合一语境中，被赋予了特殊的政治意义，是一个关乎权力合法性的重大政治问题。中国自古以来就有通天者王的说法，沟通天地的能力成为政权受天命的重要标志。正朔问题作为一个天学历法问题，在古人看来，是一种通天能力的表现。所以谁享有“颁告正朔”之权，谁就具有了依天受命的统治合法性。① 另外，如班固所说：“王者受命必改正朔何？明易姓，示不相袭，明受之于天，不受之于人，所以变异民心，革其耳目，以助化也”②，改正朔可以“变异民心，革其耳目”，意味着旧政权灭亡，新王朝已经建立，具有“与民更始”、化育万民的政治意义。所以，古代帝王都以颁布历法供天下诸侯行用为己任，亦以此为获得天下承认的标志。他们在每年冬季的一件大事，便是颁布次年历法正朔给诸侯。对于诸侯而言，接受历法就是“奉正朔”，表明自己对该政权的服从。

这种做法与古代中国的正统观是分不开的。“正统”一词的出现就跟历法正朔有关。“共惟《春秋》法五始之要，在乎审己正统而已。”所谓“五始”，颜师古注云：“元者，气之始；春者，四时之始；王者，受命之始；正月者，政教之始；公即位者，一国之始；是谓五始。”由此可见，改正朔对于确立正统是十分关键的。颁正朔、改正朔成为历代帝王显示正统的一个重要举措，而是否奉正朔则成为衡量地方势力是否臣服的一条重要标准。

在汉武帝以前，改正朔的方法是三正循环。所谓“三正”，即寅子丑。据说，夏历以建寅之月为岁首（今阴历正月），殷历以建丑之

① 董仲舒有云：“王者必改正朔、易服色、制礼乐，一统于天下，所以明易姓非继人，通以己受之于天也。”（《春秋繁露·三代改制质文篇》）。

② 班固：《白虎通德论·三正篇》。

月为岁首（今阴历十二月），周历定建子之月为岁首（今阴历十一月）。因为历史中三代是相继更替的，所以，在古代思想家看来，历代改正朔应围绕着三正而循环进行。但是，“此种随朝代之兴亡而改定正朔之行事，必然会导致历法之混乱，在现实生活中出现‘三正并行’的情况，在史书编撰上出现‘杂取三正’的现象。”① 针对这样的弊端，汉武帝时期以“名年建元”制度取代了三正循环制度，成为新的改正朔的方式。所谓“名年”，就是依据符瑞确定年号；所谓“建元”，就是改称元年。因为这一制度只是改定元年和依据符瑞在元年前加上一个年号，不涉及历法本身的改革问题，这样既能避免改历所导致的历法混乱，又能顾及改正朔本身的政治意义。故欧阳修评论到：“若夫上不戾于天，下可加于人，则名年建元，便于三代之改岁。”② 清代历史学家赵翼对武帝名年建元的举措，也丝毫不吝啬自己的美言：“年号纪元自武帝始，上至朝廷，下至里社，书契记载，无不便之，诚千古不易之良法也。”③ 自汉以来，名年建元制度成为中国古代社会二千余年的固定形式，历代帝王因循不改，以帝王年号纪年，一年不差地排列到宣统三年。

名年建元成为一种新的新民耳目、与民更始的手段，是论证政权合法性的重要依据，具有争名分、显正统的政治意义。如在历代年号中，使用频率最多是“天”、“元”、“初”等字眼。它们都具有传递政权合法性的政治功能。政治实践上，五胡乱华时期的北方少数民族政权，也进行过名年建元。因为“‘建元称帝’意味着‘革命创制’，胡人的统治者都想通过‘建元称帝’来把自己的政权建设定位于中国正常的王朝更替上。”④ 这种创制可以使自身获得统治的合法性。名年建元显示正统的具体操作方法就是通过编年以存

① 汪文学：《从“三正循环”到“名年建元”》，载《贵州民族学院学报》（社会科学版）1999年第1期。

② 欧阳修：《居正集》卷十六《正统论·序论》。

③ 《陔余丛考》卷二十五《年号重袭》。

④ 王柯：《民族与国家》，中国社会科学出版社2001年版，第87页。

统绪。如《三国志》以魏为正统，故在《吴书》、《蜀书》中记载吴、蜀君主继位的事件时，必记魏国的年号，以明正统在魏国。史家把这种编年以存统绪的办法称为纪年存统之法，他们用此法来表达对政权合法性的理解。

第三是首都。古代用以表达首都的词汇主要是“土中”和“天保”。《尚书·召诰》就说：“王来绍上帝，自服于土中”。“土中”就是“天下之中”，“绍上帝”就是报告上帝，接受上帝的册命。接受天命，必须在“土中”这个地方建立“天室”（即“大室明堂”）祭天。以此为中心建都，是谓“土中”。与天命观相对应，夏商建都的地方就是“土中”。《白虎通义·京师》中也有“王者必居土中”的观念，表达了中国人在政治上效法天象而崇尚中央的看法。所以首都的选址，即营建“土中”，是王者受命于天后的一个重要举措，它具有强烈的政治合法性的象征意味。如武王灭周以后，焦心于“土中”的确立。最终放弃原来殷商的都城，而重新营建雒邑，建立天室祭天，以表示周代殷兴的天命归属。

与“土中”对应的概念是“天保”。它原指天之中心。所谓“保”者，本义是伞盖的中心部件。由于在中国人观念中，天上星宿是围绕着北极而转，形同一把大伞，故天保即为天轴、天之中心。在古人以法天意识看待政治现象的思维中，“天保”往往引申为政治中心，即国都（大邑）。所以说，首都的选址最开始是与祭天相关的重要事项，它成为天命合法性来源的一种象征。《尚书·召诰》里记载，周武王曾为“未定天保”而苦恼，后终找到洛邑。“其作大邑，其自时配皇天，毖祀于上下，其自时中乂”。可见修建天保、土中可以德配皇天，祭祀天地，对于政治的展开、自身政权获天命的论证都十分重要。

以后历朝历代都十分重视京都的选择和营建问题。因为它的选址关涉着政权的天命，影响着政治秩序的长治久安，所以历史中新政权建立之后，往往会对首都的选择问题进行广泛的讨论与论证。如清政权建立后，在皇族贵族中，就曾以京都到底确定在何地为问题进行过辩论。① 有些统治者也会以迁都来彰显自身政权的正统合法。如明成祖在篡夺建文帝天祚之后，就把京都从南京迁到了北京。

另外，在古代中国，还有很多跟天命论证有关的话语现象。简单举一例，在与皇帝有关的日常用语中，我们会发现很多带天的词汇。如帝王的容貌被称为“天颜”、“天表”、“天仪”等，帝王的感官被称为“天意”、“天听”、“天聪”等，帝王之位被称之为“天祚”、“天位”、“天禄”等，帝王的命令是“天诏”、“天笔”等，帝王之族叫做“天族”、“天潢”、“天孙”等。这些词组赋予了皇帝等同于上天的宗教意义，论证了帝王之所以实行统治的理由。帝王的权威也在这些词汇的使用中，被确立和强化，并成为一种潜意识进入到人们的合法性信仰之中。

二、德性的论证

从对历史上出现的政治观念的考察中，可以看到，在构建传统中国政治的意义系统中，“德性”是非常重要的话语。作为一种内化于统治者身上，而使之能够获得天命、组织政权的属性，德性能够有效的解释和论证现实政权为何具有统治权威的原因。正是因为民众相信统治者拥有超越常人的认知能力和道德自觉，并且也相信统治者会在这种德性的支配下实行对民众自身有利的行为，所以民众服膺于这样的德性统治。德性话语固定了这样的合法性观念，即政治应由有德者居王位而展开，“以德服人”的政治秩序是最为正当的，因为在这种秩序下，民众对于政权的服从是“中心悦而诚服也”。那么，怎么才算是有德性呢？德性如何论证服从于政权的必要性呢？历史上的思想家都对这个问题有所回答。总结之，在古代中国，政权统治合法性的德性论证主要从以下几个方面入手。

（1）内在的超出常人的品性和能力。在古人观念里，有能力当上皇帝的人，先天的具有非凡的品性或能力。这种认识主要表现在感生神话和民间传说故事当中，这里就不多举证。由于每一个人的智力

① 参见《清史稿》卷三。

和能力都是以自身生理条件为基础的，从这个意义上说，德性是先天的，德性命定。它的判断标准主要是血缘。所以，政治观念中通常把王的德性与其高贵的血统联系在一起。王的姓氏决定了他是否具有德性。如南唐政权的合法性话语中，正是因为统治者的姓氏与历史上大唐李氏有关系，所以具有实施统治的德性；又如，南北朝时期的少数民族政权，其皇室往往会与中土大姓家族进行联姻，目的在于强化该政权的统治权威。这种情况的出现，正是因为在观念中，古人把血缘作为证成王的德性的一个重要标准。这种以血缘明证合法性的情况，通常发生了政权的异性取代上。而在同一个政权的内部继统问题上，古代统治者往往是通过祖先祭祀仪式和王位的嫡长子继承制，在无意识领域当中强化这样的合法性论证，即“我的祖先凭借血缘带来的德性形成统治，那么，血统的延续和继承，使得我天然具有德性及其所带来的统治合法性”。

超越常人的智力、学习能力、自我修养能力和实践能力，是王具有德性的一种论说话语。在古代中国思想家的学说体系中，无不把人性等差作为论说的一个重要结论①，并以此作为圣王施加统治的前提和依据。正是因为王的智力水平和能力高于常人，所以沟通天人、感知天命的人是王而不是民；正是因为王具有不一般的学习和自我修养能力，所以他才能善养其性，体悟民心，接近天道；正是因为王具有健恒的道德实践能力，他才有可能持久地按照天意和民心实行统治，创造一个稳定的政治秩序，使之符合天道天理。所以，在合法性论证话语中，我们往往可以看到这样的思路，即只要提供王超越于常人的品质和智力，那么他就具有可以证明其统治合法的德性。

如前面我们分析过的武王伐纣故事②。当诸侯看到表示天命的祥瑞符应出现时，皆曰：“纣可伐矣。”而武王却说：“女未知天命，未可也。”遂还师归，待时机成熟后，再出师伐纣。从这个故事中，可

① 如孔子的君子与小人之分；老子谈到的圣人之心与常人之心；董仲舒的性三品。

② 参见《史记·周本纪》。

以看到获知天命的能力为王一人独占，同时，这种能力的垄断又称为王受命于天的表现和象征。德和性的最早字义都与祭祀、与天地信仰有关，指的是沟通天人的能力。“通天手段在上古是王权的来源，到后世成为王权的象征。”① 当德、性主要与民心民意结合，用来表示一种沟通君民、体认政权维持基础的政治理性时，由于受到王权政治的影响，中国人仍然把这种政治理性看成是皇帝的绝对专利。这样的处理使得王的德性论证仍然具有确认和强化君权统治的合法性的作用。② 如在古代中国的历史文献中，我们可以找到很多诸如“下察民情”、“与民同苦”等的字眼，它们皆是说明君主具备与百姓同心的特殊德性。而这种德性的存在论证了政权拥有统治正当性。

君王的德性论证中，通常会强调君王在实行政治行为过程中的心理状态。所以描述这些心理状态的词汇和叙述，也可以在一定程度上证明君王具有统治人间的必要德性，以及统治的正当性。这些词汇主要有敬、诚、忧、畏等。大约表示以下几种心理状态：因忧患意识而具备的使命感、因敬畏而带来的内心和行为上的节制、用“恒”、“诚”范畴论说到的道德自觉、内心反省和主观能动性。

（2）外在的道德实践。政权合法性的德性论证，还表现在君主通过自身的道德实践而体现出来的德性。这些道德实践基本上是儒家伦理规范上的要求，譬如对父母要孝、对兄弟要悌、对朋友要信、对臣要礼贤下士等。皇帝的自身道德行为，会在王权政治的作用下成为天下人效仿的典范，同时，该行为也成为证明政权符合天理、具有统治合法性的象征。如周公吐哺，天下归心。天下人从周公吐哺的行为当中，感受到周公的德性，故能自觉地服从他的管理。周公的道德实践成为合法性证明的一种方式。又如汉代皇帝讲孝，也有加强自身政

① 江晓原：《天学真原》，辽宁教育出版社1991年版，第130页。

② 这样的处理也使得中国人“以民为本”的政治理性因为成为王权的附属物，而流于空泛和虚置。政治理性的证明，是统治行为结果的证明，需要很长时间。它无法始终成为贯彻于国家政制实施过程中的基本原则。而西方人是把政治理性建立于制度之上，是通过制度来进行证明和纠正。

权合法性的政治目的。古代皇帝欲以亲农姿态来宣传和增加政权的权威，其中一个很重要的措施就是定期在皇家农田里象征性地当一回农夫。

（3）与民本相关的功德政绩。这是古代中国用以论证政权合法性的一个重要方式，主要是以民本话语和现实性的政绩来完成论证的。在中国人的政治观念里，民众之所以服从政权，乃是因为君主在获知天意、体认民心的基础上，实行了对民众有利的符合天道的政治。所以，在论证政权合法性的时候，往往要强调政治对民众有利、具有养民、教民和保民的功能。这一点在革命过程中看得更为明显。汤武革命，顺乎天而应乎人。人应话语主要表现在：一是夏桀和殷纣的非德行为已经使民众生活在水深火热当中，二是汤武的革命行为拯救民众，解民于倒悬。以后的革命口号中，往往在这两方面做文章。对民众的不同态度和行为形成了鲜明的对比，以突出革命的正当性。比如秦汉更替过程中的革命话语。一方面因为秦专任刑法，使民不胜其累，另一方面刘邦息除秦法，与民约法三章，从而赢得民心。两种围绕着民而展示的德性，成为论证这次革命具有合法性的最主要的证明。

另外，民本主要包括三个方面：一是生民养民，二是教民化民，三是保民。在古代中国，它们分别对应的是三种政治任务：一是以土地和赋税制度为核心的农业生产和分配，二是以学校、科举为表现的文化教育，三是以刑法为内容的法律保障。一个政权在此三方面所表现出来的政治结果，即政治绩效往往在一定程度上可以论证该政权拥有合法性。

当然，正如前面我们所强调的，在古代中国，天命论证和德性论证往往是交织在一起，共同表现一个政权的合法性。总而言之，即为“受命于天而有德者居之”。

这套合法性话语通过对最高价值本体的确立，为政治生活设立普遍性、较高的道德标准。这一标准成为中国文化中的“道德原罪”①，统治者可以据此合法的管理民众，完成对政治生活的绝对控

---

① 柳正权：《试析中国封建社会形态中的法律原罪》，载《法学评论》2004 年第 4 期。

制。统治关系的紧张，也可以在统治者依据道德本体所进行的德性积聚中，获得缓和；在这套合法性话语中，专制性的皇权政治得以展开并维持存续。政权统治者以武力作为后盾，以宗法情感和利益让渡来维持贵族官僚阶层的服从、以道德上的感召力唤起民众的自觉服从。同时，较高的道德要求，也使得政权合法性始终存在紧张感。所有的秩序混乱现象或者政治失效的结果，都会直指皇权，合法性危机在新一轮的德性聚集中加以缓解。当秩序崩溃、德性消散的时候，新的政权则以武力革命的胜利事实，证明德性的复归，重新组织政治。

第三节　合法性信条与权力文化

艾斯卡拉曾总结道："从远方一直到19世纪终了，中国知道并且使用一种非常独特的，与大多数西方国家所接受的希腊、罗马观念极不相同的法的概念。这一中国的概念虽然不是儒者们创造，但至少是他们异常精确地表达出来的。或许可以说，两千五百年，中国是靠'儒家的玄想'来维持的，靠着它关于人类秩序与自然秩序相互作用的理论，关于君主对社会和宇宙之间和谐负责的理论，关于依靠对礼仪的示范和遵守而非法律和惩罚而达于和谐的理论。中国实在法所特有的近代法典编纂之前的表征，就浸淫于这种玄想之中。"① 这种玄想始肇于我国先民们在上古时代所形成的天地信仰。我们在这种以天人关系为核心的思维框架内讨论着政治。"根据中土最古老之文献书经记载，一切政治权力之来源有三：天命、人民之善意与统治者之德行。天命不用说乃是真正之基石。"② 我们对政治现象和政治秩序的认识就是在这一信仰系统之中展开。如《汉书·艺文志》所说："天文者，序二十八星宿，步五星日月，以纪吉凶之象，圣王所以参政

① 转引自梁治平：《寻求自然秩序中的和谐》，中国政法大学出版社1997年版，第3页。

② 吴经熊：《中国法律与政治哲学》，载刘小枫编：《中国文化的特质》，三联书店1990年版，第307页。

也。”把政治秩序看做是天地自然秩序的一部分，并用自然世界的经验现象来体悟政治问题，确是贯穿我国数千年历史的一个重要观念特征。在这种观念思维下，我们展开了对政治现象的理解，并构建了以天命和德性为核心的合法性话语。

合法性话语形成了中国人对理想政治秩序及其实现方式的基本看法和信条。其中在对政治的理解、政治的组织核心、政治的结构以及运行等若干方面，古代中国人形成了比较固定的合法性信条。同时，又因为合法性问题关注的核心就是国家权力，所以历史中所形成的合法性信条，往往会通过对一国权力观念的型构作用，而最终影响到现实政治生活中国家权力的框架体系。也就是说，我国古代的国家权力文化，很大程度上与政权意义系统的构建特征有关联。

一、合法性信条

在古代中国，“天”、“理”、“命”、“德”、“性”、“王”、“民”等词语范畴，构筑了一个让国人可以理解和评价政权统治和政治秩序的意义系统。虽然在具体历史语境中，这个意义系统中的范畴连接和具体结论，发生过些许改变，但是，其核心的叙述话语是较稳定，即政权通过与天命、德性的联系，而获得价值。从这些比较固定的论证政权合法性的话语中，我们得到了关于理解和组织国家政权的某些信条。① 这些合法性信条，在数千年的历史涤荡中，较为稳定地存在于中国人的人心当中，深刻影响着我们对现实政权现象的观察与评价。

（1）政治是对更高层次的本体的模仿，是天道、天理、伦理道德等在人间的实现。它解释了政治的起源、性质和价值问题。

在政治的起源和性质问题上，政治是一个从无到有的自然过程，是天道自然生成的表现，它应该符合天道、天理的基本要求。与此相对应，政治的意义在于证成天道和天理，在人间实现自然秩序或道德

---

① 所谓“信条”，就是指“是由某些概念长期固定地联系而形成的一部分基本命题”。它构成了我们对观察对象的稳定性看法。参见陈晓枫：《中国法律文化研究》，河南人民出版社 1993 年版，第 31 页。

秩序。具体表现在，在经济上生民养民，在文化上以道德正人心，使民成人。而这两者最终要由政治的治乱结果，即稳定的政治秩序来保障。所以政治的主要价值在于秩序，而且这种秩序是行为和人心上的全面控制。

(2) 政治的组织核心是圣王。在古代观念中，政权应当由有德性的人掌握，并由这个人按照自身的德性组织和展开。如果我们按照组织政治所需要的两个属性（德性和成王的事实），简单地把这个人说成是“圣王”的话，那么，传统历史文化凝结于圣王身上的观念和信条至少有以下几条：①圣王因性成圣。他具有天生的、超越一般人的具性、智力水平和道德自觉。②圣王因性获命。这里谈的是政权取得的一个重要因素，即君主利用自身的德性，去体认天性民心，始终使自己处于一种民众代表的位置。③圣王因命证性。政权的取得意味着德性的成功。所以，一方面，获命事实可以证明王具备超越常人的能力和道德，另一方面，王必须按照德性来组织和维持政治运作，通过政治行为来践行天理和道德，以凸显天道和道德对政治秩序的支配。④圣王通过自身的德行典范治国。君主的一言一行，都成为天道天理的象征，而成为天下人仿效的榜样。垂范德治，是控制国家最理想的方式。当然，当大道不行、德治丧失治乱功能的话，圣王也可以根据时机，选择刑罚来完成社会秩序的治理。

这些围绕着“王”展开的合法性信条，促使着中国人始终把政治的运行和实现，建立在王的身上。这是典型的“人治”政治论，如《中庸》所说：“其人存，则其政举；其人亡，则其政息。”

其实中国政治统治的秘密就在君主的“德”上。对于这一点，徐复观看的非常透彻。首先，“中国的政治思想，总是想消解人君在政治生活中的主体性，以凸显出天下的主体性”，君主以此获得了统治的正当性；其次，在具体实践中，“人君显示出其主体性的工具是其个人的好恶与才智。好恶乃人所同有，才智也是人生中最可宝贵的东西。但因为人君是政治最高权力之所在，于是他的好恶与才智，常挟其政治的最高权力表达出来，以构成其政治的主体性，这偏会压抑了天下的好恶与才智，即压抑了天下的政治主体性”，所以儒家、道家认为“人君之成其为人君，不在其才智之增加，而在将其才智转化成一种德量，才智在德量中作自我的否定，好恶也在德量中作自我的否定，使其才智与好恶不致与政治权力相结合，以构成强大的支配欲并因此而凸显出天下的才智与好恶，以天下的才智来满足天下的才智，这即是‘以天下治天下’；而人君自己，乃客观化于天下的才智与天下的好恶之中，便无自己本身的才智与好恶，人君自身，遂处于一种‘无为的状态’，亦即是非主体性的状态”。①

（3）政治的基本模式是实现大一统。受到一元论宇宙观的影响，古代中国对政治的基本要求，就是实现以王为根本的大一统。主要包括几个方面。一是分裂割据局面的结束，以及天下形式上的统一。这是领土上的完整和大一统。二是以君主专制的政治组织规则，来完成政治权力的统一。具体而言，有三个层次的集权观念，即全国政治权力系统统一于王、百官官僚系统统一于相②、地方和中央关系上集权于中央。三是全国思想要统一于孔子儒学。这是文化上的统一。大一统的政治观念和信条，是造成古代中国政治具有浓厚的专制性色彩的主要原因。

另外，与大一统信条相关联的还有华夷关系的固定认识。如果少数民族或外来民族愿意表示对现实政权的臣服，那么可以纳入到大一统的框架内，由王施行教化，以华变夷；反之，则保持“尊华攘夷”的价值评价和政治态度。

（4）以民本观念表现出来的政治职能。由于在合法性论证当中，天命王德与民心民意发生了意义联系，即政权的取得和维持的基础在于对民心民意的把握与顺应，所以，以民为本成为合法性政治的一个要求。同时，政治职能也在民本观念中得以表现，主要是以生民、养

① 徐复观：《中国的治道》，载于其书《儒家政治思想与民主自由人权》，台湾学生书局1979年版，第218～219页。

② 关于君权与相权关系，可参见余英时：《“君尊臣卑”下的君权和相权》，载《中国思想传统的现代诠释》，江苏人民出版社1998年版，第100～124页。

民的经济职能、教民的文化职能，以及作为保障基础的法律职能。具体而言，政治职能在于生民、养民、恤民、保民。一方面，由王组织社会农业生产，确立分配原则，提供生活必需的物质资料；另一方面，推行天理教化，使民成人；当社会运行偏离正道天道的时候，由王通过政治行为，解决纠纷、打击罪犯，恢复秩序，维持社会秩序平衡和谐。政治职能是王的使命，归根结底就是治民。一个德性高的人（王），通过对缺乏德性而可能会偏离天道的民众的治理行为，来实现人间秩序与理想秩序的正合——这就是政治。

当然，需要注意的是，“民惟邦本，本固邦宁”① 的民本意识并不能等同西方文化中的民主。其实，中西两种文化在历史发展中，都注意到政治统治的基础在于民众，在于君民相通，政治决策中应尽量涵盖民众的要求。但是，之所以说民本不同于民主，关键在于在中国政治文化中，作为民心民意若想进入到政治决策当中，上升为国家意志，则是以君王对民众生活的自觉体现和抽象为前提的。这样就造成，一方面，在观念上，统治者永远是民意的整体代表，民意成为君权合法性的论证和强化；另一方面，由君王感知的民心民意是否真地符合民众要求，难以得到有效证明和确定，只能通过政策措施的长时间的运作结果来得以表现。对于这一点，当年周成王对蔡仲的训词解说得很清楚：“皇天无亲，惟德是辅；民心无常，惟惠之怀。为善不同，同归于治；为恶不同，同归于乱。尔其戒哉!”② 民意、民欲只能以治乱的结果来表达和证明，传统的民本只是站在统治者的立场上，要求改良政治行为。另外，这样的上下相通方式，对君主的素质和才能提出了很高的要求。只有当君主本人具有较强的权力控制能力和道德自觉，良好的上下相通才有可能实现。

而在西方法治文化中，民意首先反映为民众的平等、言论自由等基本权利的确立和保障，并可以在选举程序、代议制等制度体系中得以证明和整合，从而作为政治决策的基础。所以说西方政治建立在制

① 《尚书·五子之歌》。

② 《尚书·蔡仲之命》。

度规则之上，这样就使得，一个平庸资质的君主也能够实现良好的统治效果。

对于合法性话语中的“民意”，梁启超曾有精彩评论：“我先民极知民意之当尊重，惟民意如何而实现，则始终未尝当做一问题以从事研究。故执政若违反民意，除却到恶贯满盈、群起革命之外，在平时更无相当的制裁之法。此吾国政治思想中之最大缺点也。”①

（5）政治的实现是德、刑的控制模式及其阴阳运动规则。

在合法性话语中，德、刑指的是君主管理国家的两种主要手段，且二者在国家管理方式中的地位是“德主刑辅”。这样的控制模式才合乎天道的要求，可以起到生民养民保民的政治功能。君主对子民行为的控制主要以教化方式为主，社会秩序主要是靠国家对儒家学说的宣传形成有控制力的意识形态以及人们对此意识形态的接受达到自身内省的渠道实现；当个人行为超过政权的容忍程度时，统治者则放弃温情脉脉的教化方式，转而采取严厉残酷的刑罚方式对行为人进行惩治，同时在意识形态上也将行为人从“民”的范围划出从而对行为人的行为作强烈的道德否定。所以古代中国的“刑”只具有惩罚镇压之意，而不像西方法律世界中的“法”代表着公平、正义的判断。行为的正当性主要是根据儒家学说中的伦理行为规则进行判定，而“刑”只是一种镇压工具，它由执法者根据具体情况决定是否运用。

在古代中国的政治文化中，由于德刑二柄分别以阳和阴的意义形成对峙范畴，那么它们之间的运动规则也符合阴阳之道。古人由自然界的日月相推、四季相移、阴阳互动现象，推断出道之运动规则就是阴阳互移、循环往复。对应在国家秩序的控制手段的使用上，也形成了“赏罚必信”、“文武迭用”、“明理用刑”等固定看法。“统治者从经验出发，将需要调控的社会现象，设计‘使生以德’即褒奖的管理方式，或‘令死亡刑’，即打击的方式，两种方式交替作用以维系统治者所需要的秩序。”② 德、刑在循环往复中交替使用，完成对

① 梁启超：《先秦政治思想史》，东方出版社 1996 年版，第 39 页。

② 陈晓枫：《易象与中国文化初论》，载《法学评论》2003 年第 6 期。

社会的综合强制。

（6）政治具体实施过程中的时机意识。从传统合法性话语中可以看到，由于天道与人道的合一，在对政治的理解当中，也存在着较强的时机意识。如在帝王取得政治统治权的过程中，“天时”和“地利”、“人和”一样重要。《左传·昭公七年》也有云：“故政不可不慎也。务三而已：一曰择人，二曰因民，三曰从时。”“从时”成为政治实现的必要规则。

受到这种时机意识的影响，政治之“权”始终有着高于政治之“制”的地位和价值判断。“夫出法权制，指施一事，厌情合听，可适目耳，诚有临时当意之快，胜于征文不允人心也。然起为经制，终年施用，恒得一而失十。故小有所得者，必大有所失；近有所漏者，必远有所苞。故谙事识体者，善权轻重，不以小害大，不以近妨远。忍曲当之近远，以全简直之大准。”① 以远近、大小、得失来排序经制和权的作用价值，认为“不牵于凡听之所安，必守征文以正例。每临其事，恒御此心以决断，此又法之大概也”，② 不拘泥于定制而是根据具体事项的不同来进行决策乃是实现社会控制的根本要义所在。制度的立、改、废的决定权由掌权者控制，可以随时依时机需要对制度进行修正。

二、话语支配下的权力文化

在古代中国的历史语境中，政权通过天命和德性的合法性话语获得了理解和说明。当我们在合法性话语中理解国家权力之后，所形成的对权力的基本看法也必将会影响着国家权力体系及其规则制度的安排。也就是说，一国的合法性话语以及合法性观念，会深刻地影响着该国的权力文化。

（1）难以质疑的权力来源。权力来源问题有两个层次，一是政权的合法性来源；二是统治者行使的国家权力来源。在中国政治文化

① 《晋书·刑法志》。

② 《晋书·刑法志》。

中，这两个层次的权力来源都是难以质疑的。

由于国家政权是来自于天命，是一国统治者依据德性顺天应民的结果。所以政权建立的事实就证明了该政权具有统治合法性。而命的收回只能通过一国政权统治者德性衰减、丧失民心，直至被新的武装力量武力推翻的政权更替事实来证明。在战争结果尚未确立之前，政权是否丧命，都不能得到明确的论证。因此，在一个政权的存续期间，政权本身是很难受到质疑的。同时，又由于在古代中国，政权主要是以君权表现出来的，所以我国文化中，一直没有产生对君权合法性的挑战。

与此相对应的，政权用以组织国家政治生活的权力，来源于政权（主要是以君权体现）授予。虽然会因为权力行使结果而接受来自民意的检验，但从根本上说，它也因为政权的存续而不会丧失合法性。

这一点形成了跟西方合法性问题的明显对比。在西方，政府的上下台就意味着政权发生了转移。对于一个依据正当程序而选举出来的政府，它的政权取得源自宪法。其合法性是通过正当程序内在的理性得到证明，并在一系列制度规则框架内接受阶段性的检验。在这样的合法性系统所形成的权力授权关系是：宪法——政权——国家权力（法律），权力来自于宪法的授权；而我国政治文化中缺乏阶段性的合法性论证机制，政权合法性丧失的证明需要很长时间，主要通过武装战争后的政权更替结果来表明。由此所产生的授权关系是天命——政权——国家权力（法律），法是权的产物。

由以上说明，可以看出，由于政权合法性来源是一个虚拟的授权主体“天”，所以授权的内容是模糊的，这就决定了政权主体君主的权力也是模糊的，同时又是无边界的。

（2）权力结构呈一元性的集权结构。因为君主被看做是政权组织的核心，所以在权力配置的问题上，表现出一切权力均由君权派生的集权制特征。在中央权力组织体系上，皇帝以最高决策权来控制和监督百官官僚，而皇权本身是不受制约的；在国家结构形式中，采取中央集权的单一制结构。皇帝委派官僚，代理他管理地方事务；在地方政权中，也呈现出权力归诸一元的特征。地方决策权是这一结构的核心，向其他方向辐射，形成了独立的权力单元。

（3）权力的无边界性。因为授权的模糊性，政权可以以天道或民意的借口得到无限扩张，所以，由政权产生的国家权力并无西方文化中的公法与私法之分。它的运行没有界限，主要由皇帝根据需要和时机缩小或扩张。

（4）权力的监督问题上，对于具体的国家权力而言，主要由皇权进行监督；而君权本身，则没有来自于体制外的监督，主要靠皇帝自身的内省，来遏制皇权的腐败。

当然，权力文化中受到诸如序别观念、时机意识等因素的影响，表现为权力秩序上的等级化以及权力遵循固定运行规则的若干特征。

第四章　合法性话语的近代变迁

在近代中国的语境中，西方世界的政法话语知识作为一剂救世药方，被引入国内以期解决当时存在的社会问题，但是，它与作为中国人头脑中的“先前理解”的主流话语思想有着很大区别的。文化移植中也就必然包含着文化重构。两种不同源流、内容的话语在语境的支配下，产生了交织、冲突和整合。西方化的术语和范畴被吸纳，而主权与民权、权利与法治、自由与秩序、个人与国家等的理念关系，却在两种知识力的作用下得到了重构。中国人正是在这种重构后的新话语中展开了属于“中国”的近现代宪政运动。

以“人民主权”学说而论，它是在传统的君权合法性受到质疑和挑战时，与西方宪法宪制一起被舶入到中国。天经地义的君权天命，无法回应时代问题，因此，在救世价值的牵引作用下，中国人逐步学习西方的各种富国强民之术，终至对国家制度进行根本性的改造。作为术治引入的宪法，也逐渐被添加更多的治道之色调。

这主要表现在，宪法逐渐成为一种重要的合法性资源，并与其他的语汇，诸如人民、自由、法治等话语要素，在文化的作用力下，被整合重构成为新时代的王道德命话语。宪法之制即为王道，主权在民即为新王，为民制宪行宪，这些关于民主、宪法的论说认识，沉淀着传统圣王天命观的文化痕迹。而在中国人宪制实践的选择中，更能看出固有文化对权力安排的制导作用。主权学说基本上分解为主权所属与主权所在：主权属于人民，那是因为这样的宪制表达具有合法性宣告意义，人民仅在政治决断和宣告过程中闪现，而在具体制宪行宪程序中，它往往被某个权威主体所代表，从而使得个体的意志表达、个体利益，融入并消失于人民的整体意志和根本利益当中。如果我们从文化的角度出发，理解了德命话语中“民”的半出场方式，那么，就能明了为什么在具有决定意义的主权所在上，人民得以消失的原因。这种主权认识上的分解，割裂了最高宪法与基本法律之间的效力联系，因此，尽管宪法文本中有“主权归属于人民”的规定，但却不能防止主权所在者利用基本法律，对人民权利实施侵害。

第一节　近代中国的合法性危机

在 19 世纪中叶前，儒家的政治控制模式和理念并未发生危机。正如刘小枫所言：“华夏帝国自汉以降未遇到制度理念的正当性危机。朝代的更替是政权的更换，制度理念及正当性形式没有变。虽然各代都在具体的制度安排方面都有所变革，为制度问题忧心的儒生代不乏人，然而，凡此变革和忧心，都是在儒家的制度理想的框架中生发的，儒家的政制理念的正当性本身，从未受到挑战。”① 而鸦片战争是一个转折点。至此，中国经历了千年未有之大变局。清政府既无法化解国内频繁出现的统治危机，更无力应对来自西方的挑战。在这种语境下，传统合法性话语已经无法再为政权统治提供有效论证，面临着话语解释力的意义危机。与此同时，新的话语随着西学的传入，而逐渐进入到中国人的视野当中。其中最为重要的是西方的宪法话语。语境的处理使得人们形成这样的固定观念：宪法是民族独立、国富民强的必要条件。这样，宪法话语成为近代中国论证政权合法性的重要资源。

一、传统合法性危机依然存在

康乾盛世之后，中国社会各方面逐步陷入了危机状况。政权统治日趋腐败，统治效力也日益衰弱，晚清的经济、社会、政治各个领域都表现出明显的落后性，中国陷入了全面的合法性危机。

（1）经济生产和发展受到严重阻碍，民生问题构成对政权合法性的挑战。一方面，人口和自然资源的矛盾相当突出。自清朝中期，

① 刘小枫：《个人信仰与文化理论》，四川人民出版社 1997 年版，第 522 页。

我国人口基数就已经突破了四亿大关，并一直保持着较强的增长势头。人口和自然资源的矛盾日益突出，加上传统经济资源配置制度的不合理性，社会中下层的老百姓的生活日趋艰难。另一方面，西方商品与资本的输入，沉重地打击了中国自给自足的小农经济，从而导致传统社会的自然经济基础崩溃。再加上战争和自然灾害，大量农民、手工业者纷纷破产，流离失所，使社会的不稳定因素增加，此后，随着西方列强对中国侵略的日益加剧，清政府经济主权完全丧失，外国人甚至控制了清政府的海关。作为中央政府收入的主要来源，对外贸易也出现了长年的逆差。另外，由于中央财政已经枯竭，战争的巨额赔款往往被转嫁至民众身上，因此，民生问题已经成为近代语境下突出的社会问题。

（2）政治上出现了重大危机。

首先，中央政府权威和控制力削弱。最突出的是中央和地方势力的矛盾和冲突。清政府中央权威的危机始于太平天国起义，在镇压太平天国起义过程中，少数汉族官僚逐渐崛起，成为割据地方的实际权力掌握者，形成与中央一定程度上的分权与对抗；而满族中央“仍按传统的封建集权制进行权力的设置，没有向地方支付适当的集权代价”①，导致中央与地方始终处于一种紧张状态。虽然在曾国藩等实力派官僚的努力下，出现了政治秩序较稳定的“同治中兴”时期，但是督抚专权的格局已经初步成型，成为日后清朝政治体制迅速瓦解的重要原因。洋务运动兴起后，洋务派的主要代表及地方督抚更是挟洋自重，扩展势力，俨然成为集大权于一身的地方军阀，并最终发展到督抚公然抗旨，造成东南互保、划界自守的局面。

其次，政治腐败无能。为了解决社会出现的种种问题，政府制定了一些临时性改革措施，但是这些制度并不能从根本解决问题，反而促发了清廷的一系列腐败。比如清中期政府允许以钱纳官，此项举措本意是想增加财政收入以应对政府面临的危机，可是却造成了官场的极度腐败。清朝后期，通过捐纳的方式取得功名的人越来越多，甚至

---

① 参见陈晓枫：《中国宪法文化研究》（武汉大学博士论文），第121页。

“1860 年以后，通过捐官途径的四品到七品地方官多于通过科举的正常途径得官的人数”。① 这样一来，“通过科举制度所建立的权力——真理——利益的架构的平衡被打破，这就导致了整个社会对于儒业的疏离，同时老百姓对于传统功名的尊重感也就大大地减弱了，转而对于富人表示仰慕”②，儒家制度和信仰均遭到重创。权力精英的儒学标准受到了冲击，无法保障权力精英知识水平上的要求以及对于政治上的忠诚。同时，以西学为背景的新式知识分子、以经济实力起家的立宪派以及以武力为后盾的新军领袖，逐渐进入精英阶层，以其各自不同的政治价值取向，进一步消解了清政权的凝聚力。1905 年科举制被废除以后，由于录用机制的不完善，更是加速了政治上的腐败。因为“科举既去，又无新的官吏养成机制，意味着为官不复要求资格。民国官场之滥，即从此始；国无重心，亦因官场之滥而强化”。③

（3）民族生存危机及其带来的西学冲击。1840 年的鸦片战争是一个转折点。西方列强用炮舰轰开了锈迹斑驳的大清帝国的国门，古老的中华民族遭遇到了“数千年未有之强敌”，“四千年未有之创局”④，中国被强制性地纳入世界体系。其后的大小战争中，列强们一次又一次战胜了天朝大国。《辛丑条约》的签订，标志着清廷完全变成了列强控制下的傀儡，近代中国国家主权丧失的危机空前严重，民族独立、领土完整和国家尊严，始终受到严重的挑战。同时，伴随枪炮而来的是西方的学问。知识分子在一种复杂的情绪下，开始向西方学习。西方是在传统的华夷之辨话语中获得价值定位，构成了与中国的关系。

① （美）费正清、刘广京编：《剑桥中国晚清史》（下卷），中国社会科学院历史研究所编译室译，中国社会科学出版社 1996 年版，第 617 页。

② 参见干春松：《制度化儒家及其解体》，中国人民大学出版社 2003 年版，第 161 ~ 168 页。

③ 罗志田：《清季科举制改革的社会影响》，载《中国社会科学》1998 年第 4 期。

④ 分别为李鸿章、曾纪泽的感慨。

二、意义系统的崩坍

在古代中国，中国儒家构建了一套完整的意义系统，即天人合一的宇宙观和以仁为中心、以礼为规范基础的人生观，这一整套关于宇宙、自然、生命、人生的来源和意义构架维系着中国数千年士大夫以及一般民众的信仰和意识世界。但到了十九世纪末、二十世纪初，在西方武力的扩张、欧洲文化的刺激以及旧社会结构急遽变迁等多重冲击下，这一传统的意义系统发生了崩溃。随着这一意义世界的坍塌，传统政治话语出现了深层次的话语危机。

首先，传统的天学思想受到了西方科学主义的冲击。早在康乾时期，西方文化知识就随着最早的一批传教士和商人进入了中土，其中带来的地图、西洋天学对中国古代的宇宙秩序观冲击颇大，可能动摇以此为基础的中国国家意识和观念体系。知识分子纷纷“在历史中寻找对应的资源和理解的语言”,① 寻求应对之策；到了近代，在西方基督教与西学，特别是科学自然主义的冲击下，以天人合一为观念展开的，以天地、阴阳、四时、五行以及理、气、心、性等基本范畴构成的宇宙观被推翻。由于传统宇宙观背后，牵扯的是君权人道，以及固定的思维模式，所以说西洋天学将会动摇中国的意识根本。对于这一点，严复看得十分清楚，“波兰人哥白尼，尽破地静天动旧说，……谓然叹曰：伟哉科学！五洲政治之变，基于此矣”，这是因为“自古人群之为制，其始莫不法于自然”，而支持此结论的天动地静、天尊地卑、天圆地方的宇宙秩序观念，一旦被推翻，则自由民主平等的观念就会“日张而不可遏”。② 梁启超也感觉到自己信仰所受到的来自于天学的冲击。“哥白尼以前，天学家皆曰日绕地球，及哥氏兴，乃反其说，于是众星之位置虽依旧，而所以观察之者乃大异，……空间时间二者，实吾感觉力中所固有之定理，所赖以综合一

① 葛兆光：《七世纪至十九世纪中国的知识、思想与信仰》，复旦大学出版社 1998 年版，第 432 页。

② 严复：《严复集》（第五册），中华书局 1986 年版，第 1241 页。

切序次一切，皆此具也，苟其无他，则吾终无术以整顿诸感觉而使之就绪。"① 天学对他的理解前提进行了瓦解，导致思维混乱。

天学的冲击带来的是合法性危机。杨光先论云，如果在象征皇权合法性的历法问题上"依西洋新法"，则等同于"奉西洋之正朔，毁灭我国圣教"。② 但是，民族危机使得中国人在观念上，把西学跟国家命运、国富民强联系在一起，向西方学习的热潮遂日兴日盛。新式学堂、教会学校以及留学浪潮，让越来越多人接触到西学的有关内容。据记载，到1909年，新式学堂的数量就"达到59177所，学生数量达到1639921人"③，而传教士也建立广泛的学校网，"十九世纪最后几年，江南天主教学生的总数已逾一万六千名"④。西学的广泛传播和接收，从根本上动摇了支撑儒学意义系统的天命天道观。

其次，变法取代了传统的天道观，成为了时代主题。天道观认为君权来自于"天"，并与天一样恒久。天不变；君权亦不变，这种论证思路在古代中国语境具有充分的解释力。鸦片战争以后，中国的形势是"变亦变，不变亦变"（梁启超语）。中国人在一种复杂的情绪下，理解和回应着历史巨变。为了应对时局，晚清的士大夫们被迫逐步抛弃他们头脑中根深蒂固的天道观念。先是鸦片战争时期龚自珍发出"我劝天公重抖擞"的呼吁，再是戊戌变法时期康有为指出"变"是宇宙和人类的常例，天因常变才能久，地因常变才能恒。虽然康有为仍是在旧有的天地思路中，论证"变"的重要性，但是，在他的努力下，变法已经成为维新派和其他知识分子的共识。戊戌变法中，他更是上书皇帝说："能变则强，不变则亡；全变则强，小变仍亡"⑤，认为变法是保种保教保国的根本选择。经过无数次激烈的思

---

① 梁启超：《梁启超全集》（第二册），北京出版社1999年版，第1057页。

② 杨光先：《不得已》，中社影印本，第6页。

③ 田正平：《中国教育史研究》，华东师范大学2001年版，第168页。

④ （美）费正清、刘广京编：《剑桥中国晚清史》，中国社会科学院历史研究所编译室译，中国社会科学出版社1996年版，第614页。

⑤ 康有为：《康有为政论集》，中华书局1998年版，第59页。

想斗争和艰难的心理磨难，中国人终于领悟到只有变革才能求生存的道理。到清末，求变成了人们最强烈的心理诉求，变法成了时代的最强音。清政府再也不能依靠“天”、“道”的教义实现统治。尽管它进行了一些自觉的变革，甚至最后允诺实行君主立宪，但由于变革的进程远远赶不上时代步伐，其统治的合法性越来越小，直至被革命所推翻。此后，中国人形成了这样的共识，即传统帝制，不利于国家富强、民族独立，会阻碍历史的进步和发展。任何企图复辟帝制的行为，都因为这样的时代共识而走向失败。

天道观在历史中丧失了自身的合理性，主要表现就是儒学伦理思想的瓦解。在残酷的现实面前，以“礼”为基础、以三纲五常为核心的儒家规范伦理彻底被动摇并逐渐解体，而以圣贤君子的人格理想和天下国家的社会理想为支柱的儒家德性伦理也完全被解构。鸦片战争以后，儒学纲常遭到抨击并最终被彻底否定。这在历史语境中，可以看到大量的言论例证。如梁启超把“君为臣纲”斥为是“知有一人而不知有亿兆”，称历代统治者全为“民贼”，认为“君权日益尊，民权日益衰，为中国致弱之根源”；① 而谭嗣同则称纲常教义为“罗网”，指出“俗学陋行，动言名教，敬若天命而不敢渝，畏若国宪而不敢议”，“数千年来三纲五伦惨祸烈毒，由是酷焉矣”。② 资产阶级革命派也认为皇帝不是国家主人，而是国民；礼教并不是人类固有之物，而是所谓的圣人制定出来，历代的独夫民贼是用来奴役人民的精神枷锁，儒学伦理成了革命的对象，清政权的伦理合法性来源丧失。

其实，传统圣王德性正义话语出现话语危机，根源在于该套话语及其背后支持的制度体系，已经难以回应当时的内外交困的社会现实。对现实的解释力之不足，是话语失去论证政权合法性功能的主要原因。

---

① 中国近代史编写组：《中国近代史》，中华书局 1983 年版，第 259 页。
② 谭嗣同：《谭嗣同全集》，中华书局 1981 年版，第 299 页。

第二节 救世之用的宪制舶入

一、求变图治的宪法引入

西方列强对中国的武装入侵，使近代中国朝野逐渐意识到传统制度和制度理念已处于“千古之变局”的阶段，并开始寻求摆脱危机的对策。西方宪法文化就是在这样的语境中被引入的。

在近代中国，除了在经济和政治上遭受剥夺与屈辱，帝国还陷入了一种思想的极度恐慌之中。在帝国知识分子们的心灵中，始终弥散着一种亡国论的论调。在马关条约没有签订的时候，张佩纶就无不悲愤地说“此番若屈于倭，西洋蜂起，中国无以自立”，康景崧更担心“大变即在目前”，而许珏更直截了当地指出“土崩瓦解之祸成于俄顷”①。对民族和国家命运的忧患，使得末世儒生们逐渐意识到现实国家秩序中确实有些不适应时局的方面，而在传统儒家自身学说框架中，根本无法解释这些现象以及解决这些问题。他们只能被迫将目光投向“敌人”的文化，开始漫长而痛苦的“向西方学习”的过程②。晚清的曾廉在写给朋友的信中曾将这一学习过程做了简明的概括：“变夷之议，始于言技，继之以言政，益之以言教，而君臣父子夫妇之纲，荡然尽矣。”中国人在一种复杂的民族主义情绪的驱动下，解读和重构西方文化，学习其中的方法和策略来追求国家独立和富强，开始自己的近代化进程。

威尔·杜兰（Will Durant）在观察近代中国历史后，说道“今天中国人最强烈的感情是痛恨外国人，同样的，今天中国最有力的行

① 均转引自李国祁：《满清的认同与否定——中国近代汉民族主义思想的演变》，载《认同与国家——近代中西历史的比较》，中央研究院近代史研究所1994年版，第95~98页。

② “从师夷长技以制夷”到“中学为体，西学为用”本身就是一个对西学价值判断不断抬升的过程。

动是崇拜外国人，因为事实摆在眼前，工业化或殖民化二者任由选择”,① 这确实是对当时国人心理的最好诠释。在一种直观感受的牵引下，民族的悲惨命运必然引发知识分子对中西方各国军事、经济、制度、国情和文化等各方面的比较。比较的结果则得出“中国的积弱是战争失败的根本原因”的经验教训，所以“强兵富国”成为重要的价值追求②，而从西方文化中寻求富强的方式以为我所用则成为主要的应对之策。

可以看出，在那个时代已经形成了这样的语境：民族独立、国家富强当做最高价值被突兀出来，成为中国人批判传统和评价现实的主要标准，也是审视西学和学习西学的根本依据。国人们言必称“文明”、“进步”、“自强”，而在这一种充斥着西洋话语及其价值判断的语境中，“富强”无疑是平复民族创痛、强化民族自尊心的最具号召性的词汇。所以“追求富强”的价值观念和“追求实用”的工具理性，又取代了传统的价值观念和道德理性。西方文化中的种种要素必须与国家富强这个目的联系起来才能进入人们的讨论范围，而且，那些被认为能够有效地、迅速地提高国家实力的要素，则很快地成为知识分子和大众的中心议题，并得到改造运用于中国的实践当中。先是军事、经济、教育等方面的引入，而后才是民主、宪政等制度文化的移植。

宪法思想就是在这样的语境中被移植到中国文化中来的。据考，清朝末年的郑观应在其《盛世危言》的序言中，第一次提出了制定宪法的主张。1908 年 9 月，清政府颁布了《钦定宪法大纲》，“宪法”才成为我国官方的正式用语③。在这种语境中，对西方宪法文化的研究则必然地转换成为在宪政和富强之间探寻因果关系的实用性思

① （美）威尔·杜兰：《中国与远东》，转引自葛兆光：《七世纪至十九世纪中国的知识、思想与信仰》，复旦大学出版社 1998 年版，第 549 页。

② 其实语境也是由前见形成的：这里“积弱”和“富强”的对应关系就表现了传统直观外推的思维方式，是“乱—治模式”在近代中国的表征。

③ 吴家麟：《宪法学》，中央广播电视大学出版社 1991 年版，第 16 页。

考。尤其是1905年的日俄战争，日本战胜沙俄的事实更是让舆论界阐释为立宪对专制的胜利。当时的《东方杂志》称："甲辰日俄战起，识者咸为之说曰：此非日俄之战，而立宪专制二政体之战也。"而日本"以小克大，以亚克欧，赫然违历史之公例，非以立宪不立宪之义解释之，殆为无因之果"①。国人在惊叹之余反思本国的改革，将当时改革的种种挫折归因于没有实行立宪，并真诚地认为如果能像日本那样实行立宪政体，则中国的问题便可以迎刃而解。"欲救其弊，固非改政体不可，则立宪之说是已。……故立宪政体之于国，犹舟之有指北针也，否则迷阴而丧其行矣。"② 立宪成为国家自强的代名词。

二、语境：文化解读的机制

语境决定着在中国的宪法知识一开始就不具有在西方文化中那样的独立的价值地位，是作为一种救亡的手段被迫引入的，故它从属于更高的价值范畴，而"作为西方文化的宪政移入中国也就必然地从'道'变成了'器'，从'体'变成了'用'，由一个形而上的文化问题变成形而下的功利问题。"③ 语境使得西方宪法知识必然发生文化上的重新解读。只有当这一来自于西方文化中的知识体系，在语境中经过解读，与中国现实发生意义联系之后，它才可能成为一种新的合法性资源。

王人博教授在《民权词义考论》一文中用了物境、联想和记忆三个很有意思的术语，来描述词义是如何发生文化重构的，认为"近代中国的物境（circumstances）使中国的知识者对西方因民权而强盛的成功经验产生了丰富的联想（不管西方的强盛真的是否由民主所致），民权便成了解决中国问题的可替代性方案。为了医治由联想可能出现的自卑感和挫败感，中国的知识者便从民族的'民本'

① 《中外日报》1905年8月22日。
② 《南方报》1905年7月23日。
③ 王人博：《宪政的中国之道》，山东人民出版社2003年版，第10页。

记忆中找到了灵丹妙药。民族的民本记忆无疑是缓解由西方民主的诱人联想可能产生的疼痛的一剂解药。"① 他看到了近代"物境"中最主要的两重性，即在民族危机下向西方学习的必要性，以及文化移植时保持对传统文化的自尊的重要性。并且发现了文化重构中"联想"和"记忆"这两种心理过程对于物境满足的功能。这的确是对文化重构现象和过程的最形象的描述，然而，运用该方式解读的文化重构过程，似乎更具有主动性，参与其中的人似乎都很明确的在为重构西方文化努力；但它忽略了重构本身也是一种文化现象，重构方式是在文化"前见"的作用下形成的，而这种作用大多发生在人们心理的无意识领域之中。

近代中国语境主要包括两方面内容：一是经济政治上国家的富强独立；二是中西方文化的定位，特别是对传统文化的定位。在中国文化"时"的观念的作用下，中国人开始接受变革。既然旧有帝制已经不适应时局的要求，成为影响亿兆民众安身立命、华夏民族发展延续的最大阻碍，那么，"变则通，通则久"，凡是于国于民有利的因素，都应该被纳入到学习范围，包括西方文化。将西学视为救世良方，这种认识，确实是伴随着中国民族危机的加深而发生改变的：从六十年代的"夷务"，七八十年代的"洋务"、"西学"，到九十年代称之为"新学"，称谓上的变化，足以反映出中国中心主义的被动放弃，以及知识界对西学的日益赞许②。

虽然社会的发展目标和最高价值，被"富强"、"进步"、"文明"等西语范畴所取代，但是，这种将一切价值都置于最高价值之下，从而发生对宪法的工具化理解的思维方式，仍然是传统的。近代中国被看做古代"一乱一治"模式的延续，而政体之变只不过是一种"治乱之道"，一种强盛追求的"术"而已。

语境是文化重构的前提，它限制了重构的目标和内容。在近代中

① 王人博：《宪政的中国之道》，山东人民出版社 2003 年版，第 30 页。

② 参见（美）费正清、刘广京主编：《剑桥中国晚清史》（下卷），中国社会科学院历史研究所编译室译，中国社会科学出版社 1985 年版，第 229 页。

国语境中，一切吸纳西学和重构文化的目的，都是为了追求国家强盛，所以西方文化中只有那些被认为是导致国家强盛的因素，才有可能被纳入知识分子重构的框架之中。这些要素是随着危机的加深、认识的转变，而逐步进入到中国人的视野。首先是坚船利炮、军事技术，其次是工厂企业、经济制度，最后才是政治制度、文化理念等。在解读过程中，唯有与最高价值目标发生联系，特定范畴的词义理解才可能被人们所认可和学习。例如西语中的人权思想，被中国知识阶层解读成“民权”，乃是因为当时的知识分子认为，它是民族独立权利的始源，与外争民族独立的时代任务发生了理解上的勾连，因此必须予以了解和理解。而在西方文化中，人民有权规定和限制政府，政府按人民授权行使权力，确认保障民权，这种真正意义上的“民权”权源关系认识，则由于中国知识阶层在传统认识上，保有乱民贱民、无知之民的文化前见，无法与时代使命发生联系，因此也就难以被解读出来。

传统德命话语中的“民本”，作为一种先前理解，是接引和重构西方民主话语的重要资源。洋务派首先译释了美国的民主选举制度①，认为“泰西各国，类皆君民一心”②，“议事听讼，选官举贤，皆自下始，众可可之，众否否之”③，从君民上下相通的角度，赞扬了西方的议会制度，认为议院能够“上下相通，民隐得以上达，君惠亦得以下逮”，“有君民上下互相联络之效”④，故“泰西议院之法……英美各邦所以强兵富国，纵横四海之根源也”⑤。他们根据这种观念设计的议院主要是民众参与讨论政务、传达民意给决策者的场所。

甲午海战后，中国知识阶层意识到，“西人之强者，所以强者不

---

① 熊月之：《西学东渐与晚清社会》，上海人民出版社 1994 年版，第 224 页。

② 王韬：《弢园文录外编·达民情》。

③ 魏源：《海国图志·外大西洋墨利加洲总叙》。

④ 王韬：《弢园文录外编·重民下》。

⑤ 陈炽：《庸书·议院》。

在兵"①，在于"君权和民权合，则情易通"② 的民主政治制度。而在古代中国，其实早已存有伸张民权的话语，只是"三代以后君权日益尊，民权日益衰，为中国致弱之根源"③。在这种国情对比中，民权、民主的重要价值，被知识分子基于吾国早已有之的自尊心理，而广泛传播，但其所使用的话语框架，仍然是旧有民本说中的"君—民"思维框架：民权的伸张有助于君权的令行禁止，有利于培养民众的爱国心，以达到国权的张扬④。

由这种解读路径发展出来的"民权"、"民主"观念，根本不同于西方宪法文化中的价值意蕴。人权是先于国家和法律而存在的，是国家和法律形成的依据和价值，所以对人权的确认和保障应该构成政府权力运作的合法来源和伦理基础，人权本身意味着对国家权力的一种限制。然而，在民族危机状况下产生的民权观念，则不具有绝对的、先在的、至上的价值。重新确立"民"的地位，其终极目的在于国家，而旧有的思路不可能让中国人看到"民"独立于国家、君王的价值。"梁启超和他同一时代的人在评价许多政治权利时，总是认为民众拥有了这些权利就能为国家服务，而没考虑到民众拥有了这些权利亦能保护自己的利益。"⑤ 民仍然具有对政权的依附性，培养民权仅仅是实现国家兴盛的一种方法。在这种工具主义原则的指导下，它只是一种对传统儒家理论框架中"君"、"民"、"社稷"三者关系进行重新排序的观念结果。民族国家要想在国际社会里获得尊重和长治久安，关键在于统治者必须兴民权，这仍是从"君"的立场上考察"民"的传统致思途径。民众的权利仍需要国家的指引、统

① 梁启超：《变法通议·论译书》。

② 梁启超：《古议院考》，《时务报》第10期。

③ 梁启超：《饮冰室合集》，中华书局1989年版，第109页。

④ "民之与君，声气相接，亲爱之心，油然自生"，"使民共乐，民然后乐其乐；使民共忧"，"如此万众一心，必能谋生存，达自强"，"夫天下之权势出于一则弱，出于亿兆人则强"，参见汪康年：《论中国参用民权之利益》。

⑤ 转引自王人博：《宪政的中国之道》，山东人民出版社2003年版，第55页。

治者的代表得以培养和表达。文化重构后的“民权”以及由此产生的“民权在民”观，必然带有传统文化中的古圣人观和民意观的印迹。

这种观念认识，也发展不出来立宪文化意义上的“平等”、“自由”等相关范畴，无法构筑出与人民主权相关的范畴逻辑体系。如梁启超重视自由，认为是克服中国人奴隶性的最有效方法，但是，“当梁启超对西方思想的认识随着与西方著作接触的增多而不断深化的时候，他对群体凝聚力和国家统一的关注不久便导致他感觉到自由权利学说的危险性，并最终从这种自由主义的思想立场上退却下来”①，更倾向于对“团体自由”的赞赏：“自由云者，团体自由，非个人自由也。野蛮时代，个人之自由胜而团体之自由忘；文明时代，团体之自由强，而个人之自由减。”② “民之自由，天之所畀”的严复也认为中国的强盛必须引进西方式的自由主义以激发民众的活力，“是故富强者，不外利民之政也，而必自民之能自利始；能自利自能自由始”③。可见，当自由原则和国家问题发生矛盾时，中国知识分子更多是从传统文化的国家意义上去认识自由的价值，以至于在一定程度上又歪曲了自由的价值。

而在主权学说之下的制度设计方面，由于认识的文化偏离，其机构设计也会产生南橘北枳的效果。如议会制度，最早是在君民一体、上下沟通的意义上被理解和引入，后来在知识分子的论说中，议院与民权相联系，成为集中体现民权的制度设计。议院一立，国民能够参与国政，则可快速收集事务信息，集众人智慧进行决策，是实现庶建众治的有效制度。这种对议院功能上的认识，实质上也是异于西方的。在西方，议院是以社会契约论为基础的人民主权学说中的一种制度设计。由于主权属于人民，故由人民选举产生的统治者必须根据与

① 张灏：《梁启超与中国思想的过渡》，江苏人民出版社 1993 年版，第137 页。

② 梁启超：《梁启超文集》（四），北京燕山出版社，第 44 页。

③ 严复：《严复集》第 1 册，第 14 页。

人民之间签订的契约进行统治，而代表和表达人民的意愿的议会则是主权在民的象征，人民通过它行使选举、罢免、创制、复决等权利。为了保障这种人民主权，还需要有实定化的选举法、议决制度、制衡机制等予以确定和调控。而中国知识分子所理解的议院则不具有以上功能。它是用古代民意观改造西方文化产品后的一种生成物。在打着“民意”旗帜的遮掩下，它更容易成为实现某种特定意志的工具。在袁世凯、曹锟等人的制宪史实中，就不难看到国会经常被权势集团所利用和操控，以实现军阀专政的目的。

三、宪法：作为一种新的合法性资源

在语境和前见的作用下，近代知识分子解读了西方宪法知识，并加以文化上的重构。特归纳以下几点：

（1）宪法范畴中，他们解读了“人”、“人权”、“民主”、“自由”、“平等”等基本范畴。

如对“自由”的解读。梁启超是从卢梭那里认识自由的必要性的，认为“自由云者，正使人自知其本性，而不受钳制于他人”①，它是克服中国人奴隶性的最有效方法。

（2）这些宪法范畴的解读都是基于人们对于宪法价值的中国式认识而发生变形的。在语境和前见的作用下，宪法始终被置于某种最高价值（在近代则是“富强、独立”）之下，而不具有西方文化中那种独立的、绝对的价值。在传统文化的解读下，一方面，宪法与富强构成了必然性的逻辑关系（“富强为体，宪法为用”），它被看做是实现这种价值目标所必需的制度工具，形成了一定意义上的“制度决定论”②。在那个富强成为国家最高追求的年代，这种逻辑关系也使得宪法的制定成为判断国家是否具有合法性和正当性的依据；另一方面，在它与最高价值发生矛盾和冲突时，可以被舍弃和修改。

---

① 丁文江：《梁任公先生年谱长编初稿》1册。

② 参见萧功秦：《危机中的变革》，上海三联出版社 1997 年版，第 156 页。

因此，在文化重构中，西方的宪法知识，被解读成为一种可以应付近代政治危机的方案。它的意义是附属于更高的价值要求的，是一种治道之术。中国人相信，若要彻底解决近代社会危机、完成国富民强、民族独立的历史任务，重新恢复政治秩序的话，操权者必须拥有这种“术”，方能有效地整合人心、积聚政治资源，实现特定的目的。操权者的政权仍然是一种超越宪法的权力，是国家治乱的来源。从这个意义上讲，西方宪法仅仅是一种论证政权的合法性资源。它的具体观念和制度，只有在其被政权者用于解决特定任务、并为历史证明具有有效性之后，才可能得以部分接受实现。在近代的宪政实践历史中，我们形成了特定的宪法文化。这种宪法文化中就涵盖着新的政权合法性话语。

第三节　文化重构中的话语更新

近代中国遇到的核心问题就是作为支持制度的传统合法性理念受到了冲击和挑战。在语境的作用下，当时中国人用传统权力文化解读了西方的宪法知识，并将其作为一种能够应对社会政治危机的方案，逐渐纳入到政治生活的实践当中。在晚清以来的政治实践中，对西方宪法话语与传统权力合法性话语，进行了文化重构。

宪法知识作为一种可以回应政治危机的合法性资源，由观念形态上升至制度形态，始于清末的宪政实践。从维新变法开始，近代中国出现的各个政权就主动地利用宪法所提供的制度方案，来解决所面临的历史任务。在这一段制度移植、创制本土宪法的历史过程中，同时也能看到传统政治合法性话语与西方宪法合法性话语发生融构的文化现象。

一、历史选择与文化重构

文化融构主要表现在三个方面：一是各个阶段的历史任务是在传统合法性话语的结构体系中被解读出来的；二是解决历史任务的具体方案，以及方案与宪法之间的意义联系，是经过文化解析的；三是方案的实现程度，也受到了传统权力文化的影响。那些在历史中被证明具有有效解决危机能力的制度和观念，型构了我国近代宪法文化的基本特征。

（1）维新变法阶段。变法思想的伸张始肇于甲午海战的失败。在此之间，传统政治制度并没有受到过多的质疑，人们对当时的国家危机的原因多持这样的看法，即西方列强凭借器物先进取得对中国的战争胜利。故而洋务派认为对西方物器及相关知识的学习，能够克服国力势衰的危机，且以“中学为体、西学为用”言自强。但是，“甲午一役，军破国削，举国上中社会，大梦初觉”,① “朝野乃知旧法之不足恃，于是言变法者纷纷”。② 康、梁等人，趁机宣传变法之说，遂有戊戌变法。

①解读出来的历史任务主要是尊王、变法。对甲午海战的胜负结果，在直观思维作用下，中国人得出改革政制对于国家强盛的必要性。康有为为变法提供了理论上的论证。他先后撰写《新学伪经考》和《孔子改制考》，以“三统三世说”和“孔子变法”等托古改制的思路，论证变法的必然性。他认为，“今之法例，虽云承祖宗之旧，实皆六朝宋元明之弊政也”，故皇帝可以仿效圣人，遵循三统三世之历史运行规律，“变成法，通下情，慎左右”③。尊王、变法在传统合法性话语的解读中，成为国富民强、民族独立的关键政治任务。

②能借用的宪法方案是君主立宪。康有为认为“中国败弱之由，百弊丛积，皆由体制尊格之故”④，故而中国变法“须自制度法律先为改定”⑤。但是，中国封建政治的唯一制度体系就是君主专制，他只有向西学寻找制度方案。在经过比较和思考后，他选择了君主立宪

① 陈独秀：《吾人最后之觉悟》，《青年杂志》第一卷第六号。

② 梁启超《饮冰室合集·戊戌政变记》。

③ 康有为：《康有为政论集·上清帝第一书》。

④ 康有为：《康有为政论集·上清帝第七书》。

⑤ 《康南海自编年谱》。

的改良方案。与尊君的历史任务相配合，康有为认为变法维新应由君主统帅开展，在伸张民权的基础上，创造通贤共治的政治局面。这种君主立宪的方案也是经过文化重构的。如观念上，强调民权只是为了更好的整合民意，达到君治。从“未有人去君之权能利其势也，未有贵贱无差能全其位也”的叙述中，我们也可以看出，康氏仍主张权利是有等差的。又如他把议会制度的功能，理解为“君民共议”、“上下相通”。这很显然是被传统民意观重构的结果。从他所宣传的议院机构设计，也可以看到，议院只有上下通情、讨论改革的职权，并无西方君宪中的制衡君权的权力。

1898 年 4 月，光绪帝宣布变法。但是，因政权实力派人物——以西太后为代表的保守派和洋务派——在观念上认为变法会毁道坏纲，维新变法于百日内被扼杀。首次以宪法改良传统政弊的努力，终归失败。这次改良给传统政治带来的唯一成果，就是保留了那些不关乎君权的、具体而微的制度。如警察局、邮电局、铁路局等机构，由于被认为是能够促进洋务、富国强民的措施，因而在变法失败后仍被保留。

（2）清末仿行立宪阶段。维新变法之后，晚清政府的各种危机并没有得到解决。庚子拳祸和辛丑条约的签订，更是加剧了危机的程度。西太后在西逃的过程中，也终于悟到，变法图强是延续权位、解决危机的关键。同时，日俄战争的胜负，使得“立宪救国”成为朝野上下热烈讨论的话题。“立宪一事不惟成为国人具有政治觉悟者一种坚定的政治信仰，而且成为当时及以后数十年间我国政治上最基本而不可抗拒的主流。”①

在这样的刺激下，清政权也意图以立宪作为挽回民心、振法图强的重要方式，并很快制定了立宪国策，宣布仿行宪政，预备立宪。

为了实现立宪强国的历史任务，人们借鉴了西方宪法知识和制度，总共提出三种方案，分别是维新保皇党人的开明专制的君主立宪

① 荆知仁：《中国立宪史》，台湾联经出版事业公司 1983 年版，第 175 页。

方案、立宪保皇党人的君主立宪方案以及革命党人的民主立宪方案。因为维新党人与立宪党人的主张大致相同，所以，以上三种实为两种设想，即保守的君主立宪，和革命的民主立宪。

与为了更好地进行比较，以及体会传统政治文化对于方案选择的影响，本书在此特分述之：

①维新保皇党人主张存君、变法，认为应该由皇帝在宣布立宪之后，实行开明专制，最终建立君主立宪制。其主要理由有二：一是近代中国民智未开，人民不能有效地行使权利和自觉履行义务。这就需要有一个以国家和民众利益为行动原则的开明专制政权。它不同于野蛮专制，能够带来这样的好处，即“专制而为开明，开明而能专制，则其国家机关之行动，极迅速，极自由，而影响于国于民福者极大”。① 二是现实局势使然。维新保皇党人认为，在现有条件下，共和立宪会使得国家发生大乱，陷入割据分裂。而列强也会趁机瓜分土地，故“共和立宪之万不能行，行之必至于亡国”。② 甚至连君主立宪，也必须经过“开明专制训练后十年”③，方可施行。这些理由的归纳，其实是传统合法性话语中“圣王”、“德性”范畴和时机意识的解读结果。

在具体制度的论证中，也能看到传统政治合法性观念对维新保皇党人的文化影响。如在主权和三权分立问题上，梁启超认为：“凡一国家，必有其最高主权，最高主权者，唯一不可分者也。今三权既分矣，所谓最高主权者，三机关靡一焉得占之，然则竟无最高主权乎？苟无之，斯不成为国矣。”④ 显然他是以维持最高决策权的目的来解读主权和分权思想的。

立宪保皇党人也主张君主立宪，与维新保皇派的主张之不同，主要表现在一个是虚君，一个是实君。维新保皇派主张实君立宪，代表

① 《新民丛报》第四年第 2 号。

② 《辛亥革命前十年间时论选集》第二卷上册，第 267 页。

③ 《新民丛报》第四年第 3 号。

④ 《申论种族革命与政治革命之得失》，《新民丛报》第四年第 4 号。

着清朝皇族和中央官僚的态度；而立宪党人主张君权的虚置，实为地方实力阶层要求分割中央权力的要求所致。宪法在文化的处理中，都与其各自特定的政治目的挂钩。

②革命党人主张民主立宪、排满、革命。同时，革命又被认为是排满和立宪的必须途径，而成为当时的最主要的历史任务。革命党人猛烈地抨击了专制制度，认为君主专制是一种压制自由、扼杀人权、导致政府腐败无能的极恶制度，所以力主民主立宪，以除时弊，伸人权，求富强，致独立。他们以进化论作为依据，论证民主共和政体顺应历史潮流，故而鼓吹“杀身以易民权，流血以购自由”，“前仆后兴，死亡相继，始能扫除专制之统治，恢复天赋之权利”。① 在他们的观念中，清政府的皇权专制已经构成了历史的最大阻碍，所以必须进行革命推翻清政权，“破坏专制政体，建设共和政体，惟其除暴斯为大仁。”② 革命派以民主共和为口号，借用传统的革命观来整合政治资源。这种做法确实达到了一定的效果。在他们的宣传下，民主共和观念得到广泛的传播，宪法思想也逐渐深入人心，为后来的辛亥革命的胜利创造了条件。

在具体的政治安排上，则主张议会制、三权分立等。这其中也能看到传统文化的痕迹。譬如说孙中山先生对根据革命觉悟对人群进行了划分，主张革命领袖和革命志士以军政和训政导训愚顽之民，这就违背了民权思想；他所提出来的五权宪法表现出典型的行政集权制度安排。又如汪精卫阐释孟德斯鸠的三权分立说，则过多地强调三权分立对于防止专制的作用。他认为三权划分在于立界，“以不相抵触为限而各自独立之谓”③，而忽视了权力制衡的本意。这些观点，都是传统权力文化作用的结果。另外，论证思维上也表现了传统的直观类推特点。如孙中山在批驳二次革命论的时候，并没有从现实基础出发，详细地讨论革命道路选择的问题，而是简单认为二次革命多此一

① 《辛亥革命前十年间时论选集》第一卷上册，第82页。

② 《辛亥革命前十年间时论选集》第一卷下册，第567页。

③ 《再驳〈新民丛报〉之政治革命论》。

举。中国革命如同修铁路，“铁路之汽车，始极粗恶，继渐改良，中国而修铁路也，将用其最初粗恶之汽车乎，抑用其最近改良之汽车乎?”①

清政权最终选择了以君主立宪作为保皇的方案，在预备仿行立宪之后筹措立宪相关事宜，抛出立宪的九年预备期。在当时的社会环境下，立宪时间的拖延，违背了已经形成的社会共识，进一步恶化政治矛盾，加速清政府的灭亡。后虽缩短了预备期，并有《钦定宪法大纲》和皇族内阁的出台，但这仅是晚清政府在面临革命风暴所采取的权宜之计，旨在挽回人心。清政府以立宪作为合法性象征聚集政治资源的能力，已经随时机的错过而丧失。

(3) 民初民主立宪阶段。排满和推翻帝制的历史任务完成之后，民主立宪也因为革命的胜利，而具有了合法性象征意义。由于在当时还没有出现一个能够实现大一统的实力集团，因此不同的政治集团都将施行宪法或保卫法统作为积累政治资源的重要方式，颁行了各种各样的宪法性文件。在这段宪法逐渐纳入到中国政治的历史中，传统政治文化起到了重构西方宪法的重要作用，最终形成了在文本和制度上具有宪法形式，但在制度的作用机制上仍受传统权力理念支配的特征。这一特征的形成，仍是文化重构和历史选择的结果。

①宪法成为政权的合法性象征，是政权的附属。

在革命胜利之后，由革命和民主共和口号整合和集中起来的政治资源，必然会发生分散。在传统大一统的意识之下，包括革命党人在内的广大民众，都认为唯有北洋新军的袁氏能够统一中国，加上革命党人也以推翻帝制为当前迫切任务，故南北议和乃是大势所趋，历史必然。革命党人欲图以《临时约法》的制度设计，达到既交权又限权的目的。因人立法的传统权术，在宪法的制定中显露无疑。宪法的工具化处理，使得《临时约法》与人民主权、代议民主的宪法本意相去甚远。

袁世凯以共和功臣上台，并表示愿意遵守《临时约法》，但实际

---

① 《孙中山全集》第一卷，第283页。

上却认为大总统被约法所虚置，明了责任内阁制对自己权力的威胁。于是，袁世凯以武力为后盾、以“共和国家要求”、“民众意愿”等为借口，利用传统权术逐渐地摆脱约法对绝对权力的束缚。在从《天坛宪草》中获得绝对大总统的地位之后，袁氏仍不满足，遂意图帝制，终因帝制违背国人共识，而速亡短命。袁氏的政治实践，开武人干政之先河，成为后来诸军事集团虚尊宪法法统、实图绝对政权的效仿典范。“宪法制度被各种权力集团用来证明‘法统’权威，‘护法’誓师的理由，兼并战争的根据，‘府院之争’的法源，行政擅权的基础”①，成为政权“合法”弄权的依据。

②具体宪法问题的选择也表现传统文化的影响。

在国体上，虽袁氏和张勋的帝制复辟，但共和国体早已成为举国公意，各个政权均在制度设计上接受此点。

在政体上，有责任内阁制与总统制的两种看法。实践上也是随时机变化而采取不同政体。如为了防止袁世凯专权，革命党人就把《临时政府组织大纲》里的总统制，改变成《临时约法》的责任内阁制，希望用预知结果的内阁选举，来制约总统权力。无论宪法承认哪种体制，权力归诸一元的机制是没有变的。如《临时约法》里规定的责任内阁制，并无权力制衡的宪政意义，而是利用参议院的同意权、国务院的副署权以及有绝对获胜把握的选举制，把原属于总统的权力，集中到革命党人控制的内阁手中。

在国家结构形式上，虽出现过联邦制的主张和地方制宪的现象，但那只是在特定条件下以宪法联邦制为名，行地方割据之实。地方和中央关系，只是笼统地说有事权的划分，但在实际上，地方实力集团是希望以二者权力划分，来确保地方上的独立。以湖南宪法为例，它规定“外省军队非经省府同意，一律不得驻扎本省境内，司法终审权不到北京，民国现行法规与本省宪法抵触者，均不使用本省”。②

---

① 陈晓枫：《中国宪法文化研究》（武汉大学博士论文），第135页。

② 许纪霖、陈达凯主编：《中国现代化史》，上海三联书店1995年版，第390页。

这种省宪主张，并无联邦制之真正内核，以后随着南京国民政府的统一战争而消失。

（4）国民党党治宪法阶段。孙中山先生在革命屡次失败的教训中，开始注意并重视武力对于夺取和组织政权的重要性。他认为，宪法的制定和维护并不能解决当时的根本问题。若想真正实现宪法，“唯在列强及军阀之势力颠覆之后耳！”① 武力战争的胜利者取得政权，按照宪法来组织政府实行统治。这种政先于法、高于法的权力观念，与传统的政治理念有着亲缘关系。为了论证政治以及相关的治国方案，他对西方宪法进行了中国化的解释。

首先，他用人群的三类八等说解释了政治现象的产生。人生来就产生了智力和才力的不平等。根据品性道德觉悟而人为创造的平等，是组织政权的基础。不知不觉、平、庸、愚、劣者将自己的政权，交给先知先觉、后知后觉、圣、贤、才的人，由他们行使治权。以此为基础，他提出了五权宪法的政治模式。由此可见，孙中山是在用传统合法性的德性范畴，为自己的宪法体制进行论证。也就是说，政治应由德性高的人来组织，利用宪法来实现特定的政治目的。

其次，受到传统权力观的影响，以德性划分作为论证起点的五权宪法方案，带有强烈的集权色彩。虽然国家主权归属民众，民众享有政权，行使四项直接民权，但是，政治的组织权力实际上是根据德性划分说，被分配给“有能无权”的政府。政府进行五权分立，整个权力结构呈现行政院集权之下的五权分工的特征。这是传统权力观念对西方制衡性的“三权分立”的改造。

另外，他也对近代政党现象进行了反思，开始着手对国民党进行改造，试图加强党员对党领袖的效忠，加强党对政治的控制能力。最终，国民党在学习苏俄“以党治国”的经验基础之上，确立了党治国家模式。其基本的制度形式是：由国民党全国代表大会选举党内核心结构，再由党内核心阶层指导国民政府，党内领导人兼任政府要职，控制政府。

---

① 《中国国民党第一次全国代表大会宣言》。

可以看到，党治模式仍是德政合法性对宪法制度的重构。主要是民意的整合上，采取以党员代表大会模拟全国人民代表大会的民主制，以党员意愿的整合象征民众意愿的整合。社会上的不同利益集团的代表，在国家以外的党团组织内形成意见，然后在党的大会上进行讨论，形成决议，达到控制国家政务的目的。这具有代议民主制的特色，但由于党内存在义务本位的组织纪律，所以这种模拟民主代议制的党内民主，其逻辑是自上而下的，决策权仍然集中在党内领袖手中。这样的模式，跟传统政治话语中的民心民意的整合思路是一样，即在统治者可控制的权力体系之内进行整合。

二、主权归属上的人民宣告

在近代历史的涤荡中，中国文化语境中逐渐形成了新的合法性话语。其基本特征就是具有宪法的外观形式（宪法词汇、制度和文本），但真正内核仍然表现出传统德政合法性的特色，仍然表达着这样的秩序图式：由具有先进性感知能力的人或集团，在理解民意、明了时代使命之后，通过艰难的努力，为天下民众创制和维持正义道德性的政治社会秩序。

其在文化作用的机制下，所表现出如下的话语结构：①历史语境下形成最严峻的历史任务，即是民族独立、国富民强。这种历史使命话语，取代了传统话语中“天”、“天道”的功能，成为压倒一切的最高价值，是任何统治权力的终极依据，评价政治行为的价值源泉。②在历史中，中国人逐渐意识到效仿西方、建设宪制是解决这种历史任务的关键，它可以保障和实现民众的安全、利益。因此，引入宪法、建设宪制成为民众的普遍意愿和统治者的最大德性，而具有合法性象征作用。宪法宪制逐渐潜入了新的合法性话语之中。③创制和维持新的政治秩序的任务，仍然被赋予给具有先进性的政权领袖或集团阶层。政治集团以人群德性上的分层，作为统治必要性的论证。④由政权者在民本、大一统等观念的支配下，体认出来的宪法观念和宪法制度，才具有合法性。如对西方主权概念，国人是在大一统、民本观念解读成人民主权，强调政权的统一和民本追求，未能理解西方宪法意义上的社会契约含义。这样，统治者仍是民意的整体性代表，对民意进行行政集权式的整合。⑤政权产生宪法。这种授权关系，导致了权力运作的无边界性。任何越法的政治行为，都可以以现代化、国家民族、民主、根本利益等字眼，获得正当性的证成。

作为一种合法性的象征要素，人民民意在晚清时期就被用以说明主权在君的归属原因。德命话语中的民本，仍然影响着戊戌变法前后的知识分子，制约着那一时期的宪法实践。国可以开议院，由此“民间可以发公论，达众情”，但“人人有自主之权”的民权民主，则受到张之洞等晚清官僚的抨击，“民权之说，无一益而有百害”，“使民权之说一倡，愚民必喜，乱民必作，纪纲不行，大乱四起”。①在仿行宪政的舆论调查中，也弥漫了这种民本式的对宪政的认识。因“我国民程度尚属低下，骤行地方自治之制，听其自操事权，苟有误用之时，则流弊时大”②，但救世紧要，需“上下一心，内外一气，去私秉公，共图治理也”③，故而“以统治之权归之君上，以参政之权公之国民”④。这种认识，突出反映在《钦定宪法大纲》的结构和条文中。总共十四条的正文“君上大权”，直接用宪纲的形式规定了君统，与“臣民权利义务”附录部分形成鲜明对比。人民在此时尚未以“人民主权”的形态出现，但民本民意的传统论调，开始披上宪法大纲的外衣，用于解释说明君统的正当性。权力核心还是集中于君权，“朝廷总揽统治之权，特立于立法、行政、司法三权之上”，只是不再用虚幻的天命予以解说，而是用实在的宪法大纲形式给予规定；而救世图治的方案寄托于满汉士绅政治参与度的扩大，“全国人民无贵无贱，皆得有参政之权，以效忠于宪政之上”。⑤

武昌起义胜利后，资产阶级革命党人就开始用主权在民的理论，

① 张之洞：《劝学篇·内篇·正权第六》。

② 《清末筹备立宪档案史料》，中华书局1979年版，第209页。

③ 《清末筹备立宪档案史料》，中华书局1979年版，第314页。

④ 《清末筹备立宪档案史料》，中华书局1979年版，第333页。

⑤ 《清末筹备立宪档案史料》，中华书局1979年版，第334页。

解说合法性问题及相关的政治构造。《鄂州临时约法》第1条规定："中华鄂州人民，以已取得之鄂州土地为境域，组织鄂州政府统治之。"虽未明言"主权在民"，但以自治和授权组织政府的"人民主权"意蕴昭然若揭。1912年的《南临约法》，其第1条规定"中华民国由人民组织之"，并在第2条明确宣告"中华民国之主权属于国民全体"，在中国历史上首次以宪法的形式，宣布"主权在民"的政体。《南临约法》还在其他条款规定中，将"主权在民"原则具体化，其历史进步意义巨大。

在宪法上规定人民主权，表达宪法乃是人民民意的集合。这种法统做法，成为此后中国立宪历程中的惯例。背叛民国的袁世凯，在他的《约法》中仍然保留了"主权在民"等原则条款。其第一章"国家"中规定了"中华民国之主权，本于国民之全体"，"中华民国，由中华人民组织之。"以贿选上位的军阀曹锟，在1923年《中华民国宪法》第2条明确宣告："中华民国主权，属于全体国民"，并将"统一民主国"的国体，列为不得修正之议题（第138条）。国民政府时期的训政约法、五五宪草和四七宪法，也都在总纲部分，宣告和规定了人民主权原则，发展与完善相关民主制度。由此可见，随着历史的发展，一部宣告"主权在民"的宪法文本，已然演变为彰显政权合法性的重要符号，具有跟古代"典"① 相近似的政治仪式功能。

三、主权所在中的人民消失

中国近代宪法文化，将主权学说有意识地进行了分拆区隔。在主权归属问题上，自《南临约法》以后，宪法文本基本上都规定了"主权在民"，用价值上认为是先进的、代表未来社会进步方向的宪法形式，确立主权来自于民意，来自于人民的政治决断。由此，政权统治合法性就可以根据这种方式，一次性获得了"宪法经全社会认同"的完满证明。这种话语逻辑，试图宣告的是，凡是立了宪的，

---

① 古代中国的典包括律典和令典。它们具有表达王道政治道德性的仪式功能。

有宪法文本的政权，其合法性都是获得了民意承认的。但主权归属于民，并不意味着人民在制宪、行宪过程中真实的出场。在对于人民主权更为紧要的主权所在问题上，可以发现，所谓的“人民”是消失的。

《南临约法》把“主权”和“统治权”进行了区别，虽然明确宣告主权属于国民全体，但第4条却规定：“中华民国以参议院、临时大总统、国务院、法院行使其统治权”。第12条规定了人民的选举被选举权，16规定了参议院行使立法权，但从之后的选举法规定来看，对选民资格要求有极为严格的规定。可见，民国主权的真正所在，是有着新资产阶级色彩的士绅阶层。相对于虚空的主权而言，实际的统治权由士绅选举出来的议员及官僚机构来行使。在组织架构上，由于缺乏分权制衡的机制，人民也无法利用相关机构去限制和约束核心权力。

这种人民消失的状态，在《袁记约法》中获得了更为明显的表现。袁世凯希望借助“民国”的法统，收揽分散的政治资源，巩固自己的政治地位，因此，约法中宣告了“主权在民”，并规定了相关的民主条款。但若干字眼的转变，足以看出主权所在问题上仍表现出集权的文化特征。首先，主权“归属”国民，改变成为主权“本于国民之全体”。这一微妙改动，放弃了人民民权的现代性意蕴，而回归至以民为本的旧式政统。其次，约法第14条规定“大总统为国家之元首，总揽统治权”，该“统治权”的规定，极大地扩张了大总统之权，使之成为超越立法权、行政权和司法权的至上权力，破坏了三权分立的共和政体。再次，原先人民可以借由出场的国会，也被约法废除，取而代之为总统控制下的立法院和参政院。由于总统对立法院决议有否定权，而作为总统咨询机构的参政院又分割了立法院的部分立法权，因此人民在立法问题上也彻底消失。主权所在的实际设计，改变了主权在民的归属实质。

国民党政府的宪政实践，是在孙中山的五权宪法思想的指导下进行的，所形成的党治模式，也巧妙地将“人民”消弭于主权所在之中。

“五权宪法”是辛亥革命成果被窃，以及护法战争和第一次北伐失败以后，孙中山基于对西方民主的反思，而形成的政治图式。他领悟到中国革命并不是一个简单的宪法问题，而首先是权力问题。在政治实践中，他提出“五权宪法”设想，并把“以党治国”的控制模式与之相结合，创造出一种具有中国传统政治制度烙印的宪制设计。

首先，使用“权能分治”的范畴，论说了民主的基础。这一思想源自于孙中山对西方民主政治的反思。他认为西方国家实行民主政治，并没有处理好人民行使民主权利，与政府行使管理国家事务权力的关系矛盾。他说：“在一国之内，最怕的是一个万能的政府，人民不能管理；最希望的是要一个万能的政府，为人民使用，以谋人民的幸福。”如何解决这个矛盾？最好的办法就是实行“权”、“能”分治。所谓“权”，即政权，就是人民监督管理政府的权利；所谓“能”，即治权，就是政府治理国家事务的行政权力。如果实现“权”、“能”划分，一国的民主政治便会走上正轨，国家亦可繁荣富强。“政是众人之事，治是管理众人之事”，由众人自己来管理自己的事情，就是民主政治。他接着说：“政是众人之事，集合众人之事的大力量，便叫做政权；政权就可以说是民权。治是管理众人之事，集合管理众人之事的大力量，便叫做治权；治权可以说是政府权。所以政治之中，包括有两种力量：一个是政权，一个是治权。”① 由于人民和政府各自掌握的权力是可以分离并可以单独行使的，因而，人民和政府掌握的权力便可以进行“权能区分”。在实现了“权”“能”分开之后，人民监督政府治理国家，政府治国便会尽心尽力。而且这样人民也有了充分的政权，管理政府的方法也很完全，也就不怕政府的权力过大，不能管理它了。但需要注意的是，此处设有一奥妙的制度机关，即人民与政府在行使各自的权能时，绝对不可相互替代，更不可相互逾越。根据这一运作机理，人民主权就根本难以在政府主治的制度框架体系内得以贯彻落实。

“权能区分”的思想基础是传统中国政治思维中的“唯上智与下

① 《孙中山选集》下册，人民出版社1981年版，第791、792页。

愚不移”。孙中山多次提及根据人的聪明才智把人群分为三类八等的学说，即先知先觉、后知后觉、不知不觉三类，以及圣、贤、才、智、平、庸、愚、劣八等。① 其中民众属于不知不觉者，是实行家，而革命党人属于先知先觉和后知后觉者，是发明家和宣传家。他认为，人的平等不可能是天赋平等，每个人因出生而存在着才智能力上的差异；人的平等是后天的，是根据道德而人为的平等。因此在权力配置上，“不知不觉”者，平、庸、愚、劣者应将自己的“政权”交给“先知先觉”、“后知后觉”的人，由他们行使“治权”。②

其次，“权”、“能”分治之后，就产生了与权能区分相联系的两个方面的问题：一是如何行使政权，二是如何行使治权。如何行使政权，是指当政府有了能之后，人民如何对这个万能政府进行监督管理的问题。为此，孙中山提出了直接民权思想。他认为，实行西方的代议制，流弊很多。代议政治的结果，是政府机关的官吏们借助人民选举以获得任职资格，而当他们获得这种资格后，就“悍然违背人民之意思以行事，而人民亦莫之如何”。同时，这种制度极易为少数人所操纵，而使得“代议士”们成为“猪仔议员”，并不去代表真正的民意。为了克服这种流弊，就应该推行直接民权。而怎样才能够称得上直接民权呢？孙中山认为，人民只有具备了以下四项权利时，才可称其为“直接民权”。一是选举权，即国民都有参政的权利，参与国家大政方针及政府人员的选举的权利；二是罢免权，即国民有将选举的官吏进行撤换的权利；三是创制权，即国民制定法律、创设制度的权利；四是复决权，即国家颁布的法律，国民对其不利于人民的部分，有提出修改和废止的权利。“人民有了这四个权，才算是充分的民权，能够实行这四个权，才算是彻底的直接的民权。……才叫做全民政治。”③ 而这样的全民政治，才是真正的民主政治，才能真正体

① 《孙中山全集》第5卷，中华书局1986年版，第284～295页。

② 王人博：《宪政文化与近代中国》，法律出版社1997年版，第339～344页。

③ 孙中山：《三民主义》。

现主权在民的原则。但孙中山又认为直接民权，“不宜以广漠之省境实行之”，而应以县为单位。在实行直接民权的对象具有全国性质时，人民就可以把四权委托给国民大会代表以行之。由此可见，孙中山所设计的直接民权，只是县以下的直接民权，而县以上仍为间接民权，因此，它是一种全民政治与代议政治相结合的“直接民权”。

再次，为了正确处理“权”“能”关系，孙中山又提出了政府行使五个治权的构想，其目的在于解决如何行使治权问题。他认为欧美的三权分立存在着许多弊端，一是三权的界限不能分清，而且也始终没有分清楚，如英国；二是宪法中的监察权未能独立，如美国，纠察权归议员掌握，容易造成议员专制。因此，且不可将欧美的民主政体完全照搬。而古老中国的政治体制也并不全是糟粕，其也存在三权分立，即君权、考试权、弹劾权三者的分立。只不过是君权兼有西方立法、司法、行政三权，而西方的立法权则兼有中国的弹劾权、行政权和考试权。中国的考试权“是中国一个很好制度”，“中国的弹劾权是自由与政府间的一种最良善之调和法”。① 当然，总体上说，西方的三权分立只是不够完善，而中国的三权分立在根本上存在着流弊。因此，要克服中西方这种权力分立的流弊，就必须“采用外国的行政权、立法权、司法权，加入中国的考试权和监察权，造就一个很好的宪法”，而这个宪法就是五权宪法。因此，孙中山的所谓五权就是政府所掌握的司法权、立法权、行政权、考试权和监察权。而这五权必须由人民选出的五院所执掌，使它们分开，相互处于相对独立的状态。但有了四权与五权，尚不能说就一切完事大吉了，还必须要处理好它们之间的关系。孙中山认为，国家权力在人民手中，政府只有按人民意志发挥其职能，形成政权决定治权、治权服务于政权的关系。这样一来，人民和政府的力量才可以彼此平衡。他说：“政治里头的自由太过，便成了无政府，束缚太过，便成了专制。”只有保持平衡，才能稳定政府。而政府只能由治权作为束缚力量，不能有其他太多的限制，否则就是无自由力量的政府，也无法发挥其职能。所以，

① 《孙中山选集》上卷，人民出版社1981年版，第492、494页。

有了这样的九个权之后，才能彼此保持平衡，民权问题才能解决，民主政治才能真正实现。

孙中山的五权宪法始终围绕着人民掌握国家政权和实现中国政治民主化的中心主题而展开，但是“五权宪法”与西方的三权分立有着本质区别。“三权分立”是建立在“权利是权力的权源”的宪制理念基础上的，它包括了“政权”和“治权”两种权利，其中代议民主的立法权，是人民行使政治权利制衡其他权力的设计；而五权宪法中，立法权是行政机关代行的立法活动，整个五权均属于行政权上的分工，有利于加强行政系统的集权。而且五权宪法中也存在着混乱和矛盾。如“监察权”归属何处：若归属国民代表大会，则违背了“政”、“治”分离的本意；若归属政府，则政府本身不应为监察对象。又如考试院的单独设立，则很难划清“国民代表大会”选任和考试选任的关系，五院的其他机构是否要考试选任，如须经考试选任又与考试院如何处理机构设置，是为难题。另外，孙中山从天才论和英雄史观出发，把治理国家的希望寄托给某些志士贤人，这种政治人性论对于权利保护的消极意义是显而易见的。

更为主要的是，孙中山在十月革命之后，其“以党治国”思想发生了很大变化①。他开始对苏俄的“以党治国”经验产生了浓厚兴趣②，并向苏俄的“以党治国”模式靠拢。1924 年 1 月，国民党改组成功。孙中山认为俄国革命之所以取得成功，“即因其将党放在国上”，其“可为我们模范，即俄国完全以党治国，比英、美、法之政党，握权更进一步”。但他又认为，当时的中国实行“以党治国”还为时过早，国家还处于大乱时期，“我们现在并无国可治，只可以说以党建国。待到建好，再去治他”。③ 那么，什么是“以党治国”

① 其“以党治国”思想主要受欧美等西方政党政治影响，是一种多党竞争的政治。其主要内容是，通过政党的力量来控制议会，进而控制内阁，以实现民主宪政的目标与治理国家的任务。

② 李剑农：《中国近百年政治史》，复旦大学出版社 2002 年版，第 512 页。

③ 《孙中山全集》第 9 卷，中华书局 1986 年版，第 103、104 页。

呢？所谓“以党治国”，就是“党在国上”，即党在政府之上，直接掌握政权，“以党为掌握政权之中枢”。① 但是，“以党治国，并不是要党员都做官，然后中国才可以治；是要本党的主义实行，全国人民都遵守本党的主义，中国然后才可以治。简言之，以党治国不是用本党的党员治国，而是用本党的主义治国”。②

1924 年后，国民党确立了党治形式：由国民党全国代表大会选举中央执行委员会，再由中执委内设的中央政治指导会议指导国民政府，党的领导人兼任政府要职，控制政府。由此可见，孙中山的“以党治国”既不同于议会政治、政党内阁，也不同于 1928 年以后的国民党一党专政，而是一种开明的、民主的政党政治体制。而且，为了防止党内专制独裁的形成，还在党内设置了委员会制度，实行集体领导决策机制。1928 年以后，国民党保留了武汉国民政府和广州国民政府的党治形式，但又对其作了修改，逐渐形成了国民党党治国家的基本特征：①党的领袖统帅党军，并通过军事权力的控制实际支配全党，党军是维系党和政权存在的基本支柱；②党的各级组织负责人，同时为各地地方政权组织的负责人或监督者，党通过各级政权组织渗透社会生活的各个领域，强化党治；③社会意识形态要体现党的理念，党化意识形态负责解释历史与现实的一切现象，并通过行政权力使其社会化，抵御其他社会意识形态对政权的威胁。③

在民意的整合上，这种党治模式采取以党员代表大会模拟全国人民代表大会的民主制，以党员意愿的整合象征民众意愿的整合。社会上的不同利益集团的代表，在国家以外的党团组织内形成意见，然后在党的大会上进行讨论，形成决议，达到控制国家政务的目的。这虽然具有代议民主制的特色，但由于党内存在义务本位的组织纪律，所以这种模拟民主代议制的党内民主，其逻辑是自上而下的，决策权仍

① 《孙中山全集》第 9 卷，中华书局 1986 年版，第 122 页。

② 《孙中山全集》第 8 卷，中华书局 1986 年版，第 282 页。

③ 许纪霖、陈达凯主编：《中国现代化史：1840—1949》（第一卷），学林出版社 2006 年版，第 351 ~ 356 页。

然集中在党内领袖手中。

这种主权所在的模式，跟传统政治话语中的民心民意的整合思路是一样，即在统治者可控制的权力体系之内进行整合。它与“主权在民”的宪政精神相背离。所谓宪政就是限制政府，而限制政府之依据应该是法而非政党。孙中山之后的中国宪政发展的许多问题，与“以党治国”思想是不无关系的，“以党治国”也最终被蒋介石所篡改并成为高度个人独裁的集权方式。

当然，在近代语境中，我们还可以看到论证政权合法性的传统方式。如罪己诏的运用，在晚清末年还是作为合法性唤起的一种做法。西太后西逃过程中就曾颁布了罪己诏，袁世凯在退皇帝位前也诏告天下罪己。又如辛亥革命后的“剪辫易服”也成为民国进步性的标志。当然，还有民国时期的改用阳历，南京国民政府的强制性废旧历，都具有合法性表达的象征意味。当然，传统的合法性论证方式主要是潜行于民间信仰当中，是一种无意识的话语表现。如民间就流传过袁世凯乃是真龙天子的故事传说，这在洪宪皇帝即位的时候，也起到了合法性论证的功能。

总之，在近代语境下，传统的合法性论证话语对于制度现象的解释力基本丧失。为了回应当时的权力危机问题，传统的德命话语与西方传入的宪法话语进行了深刻的融构。虽然借助新的制度观念和制度层面，增大了合法性话语的解释力，但是这种融构的过程本身仍是在德命话语之中进行的，旧有的价值判断成为文化沉淀于新的话语之中。

四、沉淀下来的宪法文化

在近代语境中，宪法作用被凸显出来。中国人在文化的影响下，形成了理解政权和宪法的话语解读；这种解读对宪法的理解和移植造成了重要作用，也是影响中国宪法文化形成的关键因素。

近代宪法文化中的主要特征有：①宪法在价值上依附于政权，表现为工具主义的特征。宪法往往沦为政权用以积聚政治资源、实现特定政治目的的工具。表现在具体实践中则有宪法虚置的特征。当宪法起不到工具作用的时候，政权统治者则往往利用行政立法，颁行法令，使用判例和司法解释等方法，来实现特定目的。至于控制规范是否违宪，法律效力位阶问题，则被忽视。②人治至上。这一时期，宪法的制定因人立法，法随人变。政权的控制操纵在权力集团手中，他们通过控制宪政实施机关中的人员，来改变“民意”，以合宪的形式来博取权威资源，实现权力集团自身的目的。③宪法是武力征服后的权力集团确认历史经验和基本国策、目标、组织政治的结果，所以宪法源自于政权。这就导致了权高于法的价值排序，和权支配法的运行规则。④权力结构呈一元化结构。最高决策权是一切权力的派生来源与监督主体，但宪法不规定对最高决策权的监督方式。在地方政权中，也以一个核心为来源，权力由核心向其他方向辐射，形成一个独立的权力单元。在国家结构形式问题上，则采取中央集权的单一制结构，中央通过干部的分级管理任命制，实现对地方严密的控制。⑤在时机意识的影响下，国家政务目的会随需要而变化，宪法的内容也会随之改变，宪法缺乏稳定性。

总之，由于受到传统政治文化和近代宪政经验的影响，中国宪法文化在类型上是“群体共存”型的文化。道德责任关系的社会基础，直观外推式的思维方式，使人们不能清晰认识个体的独立权利，而往往通过集团共识去追求一种利益来代表个体，则使得集团与个体之间，没有必要共遵任何契约性质的界限，也就没有限权和制衡。如此则将集团对个体利益的代表托付为集团的主观自觉，而个体处于被代表地位则表现为宪法上的义务本位。这个特点不仅在法理上把宪法看做为限制人们行为的一种规则体系，而且在社会价值上也把宪法看做一种运用权力的工具。① 而在语境和前见的作用下，以重构后的范畴结合起来的宪法制度，也发生若干的变形，形成独特的解读方式。仿效西方进行的制度设计在观念和运作上也因此充满了中国特色。

如宪法法律效力问题上，我们是用古代的“宪典”对西方宪法进行重构。这样虽然解读出来宪法的根本法、大法的概念内涵，但是

① 参见陈晓枫：《中国宪法文化研究》（武汉大学博士论文），第203页。

有关法的效力位阶问题则在解读中无法涵盖和理解的。由于在古代，宪典是被当做“祖宗大法”，主要起到彰显法统的政治象征功能，而它的实际法律效力往往被皇帝敕令、有关部门颁布的法令所补充、取代和突破，因此，由它解读出的宪法，也主要发挥着国家政权的象征作用，而在现实中，宪法的最高效力往往被忽略，有些宪法规则也没有形成对于其他部门法规则的统摄。

又如，在权力的分配与运作规则问题上，是用传统社会的分工原则解读了西方用以维持法治体系的分权原则。即权力总是集中于一处，其他只是分工配合而已。另外，西方宪法中的正当程序观念也没有被解读出来。传统的实益公允原则使得我们无法认识到程序自身的价值。程序性的制度规定及其运行，都可以用一些正当理由予以放弃或突破。

在人的法律地位问题上，虽然接收了国籍、公民等这些西方宪法中的范畴，但是在传统社会有关“民”的知识的影响下，以平等、自由为核心的人权思想很难被近代知识分子所理解。中国式的公民观始终要分层次的，分为“先知先觉”、“后知后觉”和“不知不觉”，分为“敌人”和“同盟者”。不同层次的人在权利义务配置上必须区别对待。当然，随着社会的进步，国家立法中公民法律处遇的区别可能已经淡化，但是日常生活中人们的微妙态度将长期彰显着这种区别。